実話で学ぶ
“話す仕事”

松城光実
Matsushiro Terumi

風詠社

村山実さんと講演会の司会で。

鈴木桂治さん アテネオリンピック金メダル祝賀会司会。
私がプレゼントしたそっくりさん人形が後ろに。

「クラレ白鷺」さんは私のホームグラウンド。

「陳建一さん」陳さんとも、たくさん仕事をさせていただきました。

松城が審査員を務めているシングルマザービューティーアワードの歴代グランプリとオーガナイザー。

このスマイルにみんなメロメロ。

「神明の花火」© 岡広樹　最高のおもてなしは「フジヤマツーリスト」。fujiyama-tourist.jp

実話で学ぶ "話す仕事"

人は限りなく変われる

目　次

はじめに		5
Chapter [1]	どんな仕事？	9
Chapter [2]	松城メソッド	33
Chapter [3]	感性磨き	56
Chapter [4]	飽きさせない!!	63
Chapter [5]	"喜怒悲驚" 瞬発トレーニング	66
Chapter [6]	双方向作戦	68
Chapter [7]	㊙話す職人技	70
Chapter [8]	何を学んだか、卒業生の声	76
Chapter [9]	ボランティア活動とは？	100
Chapter [10]	はじめに言葉ありき	105
Chapter [11]	Work Experience	110
おわりに		130

装幀　2DAY

はじめに

「ほんまケ？　ちゃうんケ？　ソーやんケ？」
　奇想天外おしゃべり　大好き。
　だんじり娘の物語で"話す仕事"のプロになる。

　たくさんの実話から
　プロになっても　ならずとも
　話し方の大切さを　お伝えします。

　この本を手に取ってくださったあなた、
　あなたはしゃべることは好きですか？
　家族、友達、同僚、
　毎日いろんな人とおしゃべりしますよね。
"なぜ、人は人とおしゃべりするのでしょう"

「もっと自分を知ってほしい」

「もっとあなたをわかりたい」

　わかり合うために、私たちは言葉を使い、おしゃべりして、想い
を伝えようとします。
　わかり合うって素晴らしい

でも、

「そんなつもりで言ったんじゃない」

「何でそうなるの」なんてことありませんか？

　言葉は、「話し方」次第で

“毒”にも“薬”にもなります。

　言葉に真の魂を吹き込むのは「話し方」です。

☆あなたの「話し方」バリエーションを増やしませんか？

　あなたにいろんな「話し方処方箋」を差し上げます。

　たくさんあればあるほどあなたの世界は大きく広がります。

☆話術を魔術に変えて“話すプロ”になりませんか？

　人とのより良いコミュニケーションはもちろん

　現代社会には“話す仕事”があふれています。

　おしゃべりが好き、話すことが好き、伝えることが好き、わかり合うことが好き

　そんなあなたに

　話す仕事、話すトレーナー50年

　数多くの現場を体験した松城光実、話す仕事の“必勝メソッド”をお伝えします。

　重要ポイントを的確におさえ、最短、最高の一生もののスキルをゲットしてください。

　松城光実“話し方必勝メソッド”は

はじめに

あなたを新たなステージにお連れします。

☆この本の著者、松城光実って？

　紹介が遅れましたが、私、松城光実は、"話す仕事"を生業にして50年、半世紀しゃべり続けてきました。73歳今も現役です。

　私がこの本を出して最も伝えたいのは"人は限り無く変われる"です。

　50年の時の流れの中で何度も何度も、人が変わりゆく姿を観てきました。

　私自身が一番変わったかもしれません。

　アナウンサー、司会者、ナレーターモデル、選挙街宣活動（ウグイス嬢）、マナー研修講師、日本語教師、やさしい日本語講師、

"株式会社マリン・ザ・ボイス"設立
　話し方をメインに育成と派遣
　東京支社を拠点に芸能界にも進出
　歌手、俳優、アイドルの育成、飲食店４店舗経営、エステ、ウェルネス店、カラオケカフェなどの経営。

　１女の母となり２人の孫も社会人になりました。

7

とざっくり自己紹介です。

"話す仕事"を目指される方のお役に立ちたいと心から願っています。

Chapter [1]　どんな仕事？

話す仕事って何があるの？

　話す仕事は山ほど有ります。

　山ほど？　どれくらいの？　Mt.Fujiくらいと言っても過言ではないかと。

　どんなジャンルの仕事にも"話す"という要素は必要不可欠だから。

　そう言ってしまうと膨大になりすぎるので絞りますが絞っても、こんなにあります。

　アナウンサー、芸人、司会者、ナレーターモデル、講演セミナー講師、マナーなど研修講師、教壇に立つ先生、通販モデレーター、選挙街宣活動（ウグイス嬢）、コンテストビューティーキャンプ指導員、博覧会ガイド（コンパニオン）、各ミュージアムパフォーマー（水族館や子供向け施設、ディズニーランドやユニバーサルジャパン）などなど……

　みなさんは、
「人前で話す仕事なんて
　自分にはできない〜」なんて思ってませんか？

大丈夫

　誰でもなれます。
　私の話で恐縮ですが私は生まれも育ちもあのパワフルシティ、岸和田です。
　「ほんまけ」「ちゃうんけ」「そうやんけ」と話すのが日常の街です（特に私の時代は）。
　その言葉づかいが普通なんだと高校進学まで疑ったことはありません。
　しかし高校入学後しばらくカルチャーショックで、数ヶ月は無口な女子高生キャラで通しました。

　このままではマズイと入ったクラブは放送部です。

　原稿が有れば大丈夫言葉の学習もできる。
　なかなか良き判断だったと今振り返りそう思います（何十年前やねん）。

　ここで初めての
　"人は限りなく変われる"体験。
　15才までだんじり曳いて「ホンマやんけ、ほな行こか」とはしゃいでいただんじり娘は日本の第2言語を習得しました。

　誰でも話し方を進化させることはで

だんじり娘　高校2年　放送部。

Chapter [1] どんな仕事？

きるのです。

さて、前置きが長くなりましたが

どんな"話す仕事"があるのか具体的にご紹介します。
一旦テレビ、ラジオなど良くご存じの分野は後にして
私が、話すことをメインに40年運営した人材派遣の会社
"株式会社マリン・ザ・ボイス"での仕事についていくつかご案内
します。

①展示会でのナレーターモデル

という仕事が有ります。
ピチピチの20代（私にもあったんです）、私自身もたくさんの
ステージを経験しました。
今は40代後半のナレーターモデルもたくさんいます。
スポンサーサイドからいただいた原稿を覚えて、いかにその商品
が素晴らしいかを説明する仕事です。
アナウンサーレベルのスキルまでは求められないけれど、与えら
れた商品をよく理解してお客様に伝える役目です。
笑顔と商品を愛する気持ちが大切です。1日5回くらいのステー
ジ、お客様はその都度違います。
その場、その人の空気感をキャッチして、話し方も変える。
お客様に伝わったと感じた瞬間は最高に達成感があります。

♪ここでクイズです♪

11

展示会ナレーターモデル　松城光実
20代？

展示会ナレーターモデル　花野桃
まちがいなく20代！

ウエディング　松城とあだっちゃん
（キレイだった）。

イベントMCは最高に盛り上げる小坂仁水。

　ナレーターモデルという仕事は役者さんには向いていないと思われます。

　それは何故でしょうか？　ハイ、すぐアンサーです。

　役者さんは、相手がいてセリフを言うのがほとんど。

　相手のセリフに対して、自分のセリフを絡ませます。

　1人で、ほとんど感情表現しない長い原稿を覚える作業をすることが無いからです。

　私は名古屋出張の展示会で、ある役者さんとダブルシフトになりました。

　何か朝から元気がないなと思っていたら、その役者さん、原稿が

Chapter [1] どんな仕事？

覚えられなかったと泣いてお帰りになりました。
　結果、1人ですべてのステージに立つことになったのです（今も根に持ってるだんじり娘）。

②司会者

　司会の仕事も実にさまざまな種類があります。
　イベント、セミナー、セレモニー、講演などなどの中から

☆ウエディング司会
　みなさんも結婚式、披露宴には出席されたことがあると思います。私は団塊世代、バブル時代を知っています。
　恩恵はそれなりに受けました。結婚産業華やかなりし頃です。1日3組のご披露宴司会は当たり前でした。
　今までに3,000組以上の司会をさせていただきました。
　今はそこまで多くはありませんが、教え子たちは、ホテルや、オシャレになったウエディング会場で、週末、祝日の安定収入を得させていただいています。

☆イベント司会
　こちらもビッグイベントから、おらが村の祭りまでさまざまなご用命をいただきます。
　この原稿を書いている今も、教え子のマミちゃんがプレバトに出演されている、スクラッチ

人気絶頂原田マミちゃん

アーティストの方とトークショーをしています。出張も多く、旅気分を味わいながら仕事ができます。

☆セミナー、講演の司会

セミナーと講演はセットになっている場合も多いです。弊社がいただいていた、富士通様やパナソニック様の場合は大阪城ホールや国際会議場を貸し切り、セミナーあり、講演あり、展示会もあって、そのナレーターモデルの発注までいただきました。セミナー、講演は自分が講師として体験談を語ったり、自らが構築した理論やスキルを伝えることですが、その方々の紹介やトークショーでインタビューをしたりする司会があります。

続・話す仕事って何があるの？

②司会者の続編

☆ディナーショーの司会

年末になると、ホテルなどで華やかに行われるディナーショー。あなたはどなたかのディナーショーに行かれたことがありますか？

私は姪っ子が幼い頃からずっと大ファンの松田聖子ちゃんのディナーショーに今もお伴しています。

教え子たちは、たくさん有名

ディナーショー司会　花野桃（"料理の鉄人"中村孝明さんとラジオのレギュラーも務めた）。

Chapter [1] どんな仕事？

人のディナーショーの司会をさせていただいています。司会者の特権ですね。

　自分の推しとかのディナーショーの司会オファーが来たら〜、なんて夢をまだ見ている73才。

　Number_i 平野紫耀君ディナーショー

　ないよね……ライブに行きます。

　ここで73才司会者ならではのエピソードをひとつ。

　まだ30代後半、1988年頃の話（古過ぎ〜）。今よりスタイルも良く、今風に言うと「ビジュもイケテタ」時（自分で言う？）。

　あのレジェンド故松方弘樹さんのディナーショーの司会オファーをいただきました。

　何よりビックリしたのは、会場の前にフェラーリ、ジャガー、ベンツ、などなど高級外車の列が並んでいたことです。警備も、ものものしかった記憶が今も鮮やかです。

　そしてもう、お一方

　こちらも音楽会のレジェンド、故平尾昌晃さんのディナーショーの司会をした時

　宴もたけなわ、みんなで歌おうとなりました。平尾さんが歌ってすぐ「イェーイエイエイ、エーイエイ」、その後お客様が同じように合唱する、よくあるパターンです。

　私は「我関せず」。歌っているフリをして、次のプログラムを考えていました。

15

と、その時、平尾さんが「ハイ司会のお姉さんも一緒に〜」

　まさかの展開。歌は中学時代、校外学習の帰りのバスで歌って、みんなの大爆笑を受け歌手への道を断念した苦いトラウマを今も引きずっているのです。

　私、満面の笑顔で手を横に振りました。平尾さん、一度言ったことはとことんヤルお方でした。

　会場中、追いかけ回されマイクを向けられた時、さすがに覚悟を決めて

「イエ〜エエ、イエ〜エ〜エ〜え〜ん 😫」

　平尾さんがフロアーに横たわっていました。

　平尾さん「ふるんじゃなかったよ〜」

　私「だからイヤだと言ったじゃん」

　会場中が笑いの渦に包まれて結果良ければすべて良し 🖐

　なんて今は懐かしい想い出です。

　お２人共に、あちらの世界に行かれました。

　もうすぐ行きますから、また司会させてくださいね。

　なんて私事が長くなりましたが

　司会の仕事をしていたら、いろんな方との出会いと楽しい想い出がたくさんつくれます。

③ミュージアムでのパフォーマー

横浜アンパンマンこどもミュージアム
大分マリンパレス水族館うみたまご
大阪市立科学館、但馬木の殿堂、広島市立交通科学館

などなどたくさんのミュージアムで私自身は研修講師として、スタッフやパフォーマーの指導を担当しました。

基本の接遇マナー、プラス話し方です。イルカやセイウチなど動物ショーの担当をするお兄さん、お姉さんの話し方、子供たちにアンパンマンショーを進行する話し方、グッズ販売での接客話法など、話す仕事は多種多様にあります。パフォーマーもパフォーマーに教えるのも"話す"仕事なんです。

研修講師を務めた水族館リニューアルオープンの"うみたまご"。

④博覧会コンパニオン

　来年 2025 年は関西万博です。

　今までたくさんの博覧会にもいろんなカタチで関わらせていただきました。

　1970 年の大阪万博も行きました。博覧会の花形はやはりコンパニオンでしょうか。

　パビリオンの説明やゲストの案内にも話す力が必要です。

　またまた余談ですが、鳥取博にも教え子たちがコンパニオンで活動するからと、たくさんの生徒たちと車で出かけました。鳥取砂丘や水木ロードなどしっかり観光もして、今でも楽しい思い出になりました。教える者も学ぶ者も共に喜びあえた環境に感謝です

　この旅は、後にカリスマ、テレビモデレーターになり、今もいろんな司会で大活躍の花野桃ちゃんが車の調達から運転まで 1 人でしてくれたおかげさまです。

　できる子は人の為に、なんなく何でもやってのけます。博覧会コンパニオンは展示会ナレーターモデルと業務的にはあまり変わりませんが、幕張メッセ、東京ビッグサイト、インテックス大阪などで行われる展示会で、各企業さまにオファーをいただき企業様の商品説明をするのがナレーターモデルです。

　博覧会コンパニオンは、各パビリオンの案内やパビリオンのコンセプトや展示説明をします。

　なのですが～

　どちらも、弊社のような人材派遣事務所にオファーを出して来るのは電通、博報堂といった大手はじめ中小広告代理店やブースの設

計施工をする会社です。

　ナレーターモデルや博覧会コンパニオンを目指すならナレーターモデル、コンパニオン、キャンペーンガールなどを扱う人材派遣会社に登録をするのが近道です。

⑤選挙活動街宣カーの Speaker

　俗にウグイス嬢と呼ばれたりしますが、女性でなくてもいいと私は大昔から思っています。

　選挙街宣活動は、"松城光実話し方必勝メソッド"が大いに活かされる仕事です。なのでかなり気合いを入れてまいります。

　"話し方"そのものの重要ポイントが学べるチャンスが街宣活動です。選挙は勝敗が明確です。得票数がすべてです。これは他の候補者との戦いであり内部組織での闘いでもあります。

　選挙活動の中でも1番目立ち、有権者に候補者の公約や信念をダイレクトに伝えるのは、街宣活動です。

　私もたくさん街宣活動をさせていただきました（なんでもやるオバチャンです）。法定基準料金で、わずか6時間で2日間くらいのバイト代を稼ぐことができます。若い頃は貧しさもありオファーがあればどなたの街宣活動でもしていました。

　ある時、ふとこんな稼ぎ方は心が貧しくなると気づきただ1人の候補者の選挙戦、または同じ党の候補者に絞りました。

6期24年、すばらしい政治家。前大阪市会議員大内けいじご夫妻。この方をリスペクトして戦い抜きました。

大恩人に紹介されたある方の政治姿勢に感銘を受けて6期24年共にその方と戦わせていただきました。ほとんどがトップ当選。昨年勇退され、私も卒業と思っていたのですが、同党第一号議員から「○○さん勇退で松城さん空いてるなら、ぜひ」とお声をいただき、先般の選挙戦も72才ウグイス、戦わせていただきました。

　トップ当選です（どや顔）。

　大内けいじさんの後を継いだたけち博幸さんのウグイスもつとめ見事当選!!　この方もピュアで熱い真の政治家です。

　私事が長くなりますが
　"話し方"必勝気質を作る基礎でもありますので書かせていただきます。

　20代初め、アナウンサーになりたての頃、ヘルメットを被り角棒持ってよくデモに参加しました。警官隊と激しくぶつかり合いもしました。

　70年安保闘争が色濃く在った時代、ベトナム反戦活動、羽田闘争、成田闘争

　Z世代のみなさんにはおそらく想像すら難しい時代。

　若者は真剣に日本を憂い日本を良くしたいと戦っていました。もちろんすべての人ではないけれど……。

　私は生まれてすぐに父親が病に侵され7年の闘病生活の末に私が小学校2年に進級する4月8日始業式の日に亡くなりました。

　当然兄2人と私の3人の子供を抱え生きていくのは、母にとって並大抵ではない苦労の日々です。

Chapter [1] どんな仕事？

夜、昼働いても３度の食事を充分に与えられない生活です。

しかし私は、暮らしが貧しいことよりも、貧乏は恥ずかしい、貧乏人は金持ちより下のような社会の風潮にずっと悔しさと怒りを持って生きていました。

そんな生活の中で"負けたくない"意識は強く育ったように思います。

選挙戦も、やりだしたら必ず勝つ、ひたすら勝つための言葉を編み出します。

だから私の街宣活動は一般的な街宣カーとはしゃべる内容が大きく違います。政策はもちろん、まず候補者の人柄、イメージを大事にアピールします。

公約って、どこもかしこも同じような内容です。

"世のため、人のため私はこんなお約束を致します"

みんな聞き飽きています。

聞いた人が「うん？　今何て言った？」から始まり「そうだ、そこが大事だ」と納得がいく街宣活動が松城メソッドです。

しかも、この候補者ならできるとわかってもらえる"話し方"が必要なんです。

言葉に魂を入れるのは"話し方"です。具体例をひとつあげましょう。

街宣活動で決起大会や個人演説会など告知アナウンスをしてその地区の方々に呼びかけます

「みなさんこんばんは。こちらは市会候補の○○です。本日午後７時から○○小学校をお借りして、○○候補の個人演説会を行います。みなさんお誘い合わせの上ぜひご来場ください」

これが一般的なコメントです。

　私の街宣活動は
「みなさんこんばんは。お食事はお済みですか？　間もなく大河ド
ラマをご覧になるところでしょうか？　皆様にお願いに参りました。
こちらは市会候補の○○です。間もなく７時より○○候補の個人演
説会が○○小学校にて始まります。恐れ入りますが大河ドラマは録
画モードに切り替えていただき○○小学校にお集まりくださいませ。
私たちの明日の暮らしをかけた大切な選挙戦、○○が皆様に今後の
市政への取り組みをはじめ、この街発展へのその熱き想いを語りま
す。ぜひご来場くださいませ」
　ショートバージョンとロングバージョンを街宣カーの位置でタイ
ミングを合わせます。
　もう一つ‼　街宣カーと一般車が並ぶことがあります。いいタイ
ミングです。
"話し方"はタイミングが大事。

　私「かの吉田光陰は言いました！」
　一般車から若者が身を乗り出して「何てー？」
　私「この世の中で一番怖いことは」
　若者「怖いことはー？」
　私「何も為さぬことだと」
　若者「そうだーその通り！」
　私「是非投票に行ってくださいね」。

　大阪をひとつにと橋下徹さんとも全力で戦いました。ある日決起

Chapter [1] どんな仕事？

大会で橋下徹さんから「今日の司会者すごいですね。次期市長選にいかがですか」とおほめのお言葉をいただきました。

YouTube "橋下徹　西九条小学校" に残っています。

興味ある方は覗いてみてください

少し遅れてきた橋下徹さん、司会者へのQ出しが無いので紹介に時間がかかっていると、お顔に苛立ちが見えてきました。

私「お待たせしました。私達の大阪を変えていくー！　私達のトップリーダー橋下徹でーす!!」

その後のにこやかなスマイルにご注目ください。

"話し方" は人の心を動かします。

⑥企業研修講師

講師という分野もたくさん有ります。

どんなジャンルであれ、人さまに何かを教えるには "話す" ことが必須になってきます。

私は、話し方講師以外に接遇マナーや、ビジネスマナー研修講師、日本語教師、やさしい日本語講師などをしてまいりました。

教えるジャンルのスキルにプラスして "話し方" はとても重要なポイントです。

マナーと日本語の知識を伝えるためにはただマニュアルを読み上げていても、受講生には響きません。一人ひとりの心の内側に入っていく "話し方" が必要です。

大阪にパナソニックスクエアというパナソニック最先端エレクトロニクスを楽しく紹介する施設があり、14期まで研修講師をさせていただきました。

23

ＰＱレディーというコンパニオン的な超最高のおもてなしをする女性たちが毎年、新卒で厳しいオーディションを通過して、研修を受けます。

　今も私の謎ですが、研修生は全員おみ足がとっても美しい方ばかりでした。

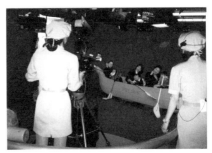
14期までパナソニックスクエアPQレディの研修をさせていただきました。

　14年マナーとナレーションの研修をして、みなさんとも仲良くなり、個人的にファミリーで遊びに伺ったこともあります。

　ＰＱレディーを卒業した方々がわが実光塾に入学し、ＭＣタレントとして活躍してくれたことも嬉しいです。

孫たちも好きな場所でした。

　人と人、誠意をもって向き合うと"点々が線となります"。

　またある日

　大学の教授や企業のトップの方々に、「心に刺さる話し方セミナー」をと、オファーが来ました。

　大学教授にモノ申すのはいささか気がひけると一瞬思いましたが、すぐ「ハイ、是非」と返事をしてしまう私です。オファーをくださった方はＮＨＫでレギュラー出演なさっている日本一明るい経済新聞竹原信夫さんです。

　この方が、独特の声と話し方で、テレビに出ていらっしゃってもすぐ振り返って見入ってしまいます。

Chapter [1] どんな仕事？

　声そのものの個性も大事です。この方を紹介して下さったのは南さんというとても楽しい方です。新聞取材もして下さり幸運にも年末年始と二回掲載していただきました。

新聞取材も受けました。

　そのいただいた研修セミナーで一番反応が強かったのは松城メソッド（あとで詳しく説明します）の"喜怒悲驚瞬発トレーニング"。喜怒哀楽ではありません。「喜」「怒」「悲」そして「驚」なんです。ひとつの言葉でいろんな感情表現を大胆に繰り返し言い切る訓練です。
　例えば
「美味しそう」という言葉を"喜び、怒り、悲しみ、驚き"と四種の感情カードに合わせて言い続けます。いつどの"感情カード"が出るかはわかりません。
　これは感情表現が豊かになるだけではなく、アタマの切り換え能力もアップするのです。

人生いろいろありますが切り換えて次に進む態勢が常に必要です。

　そしてそのセミナーの最後に、ある教授からこんな言葉をいただきました。

「目からウロコでした。私の授業はいつも一方通行で、確かにＢＧＭ化していました」

　この仕事を受けて良かったとしみじみ思わせてくださいました。

　コロナ明け間もなくの時で私の孫も大学のオンライン授業の毎日でした。この期間、みんないろんな不幸に見舞われました。学生のみなさんも例外ではありません。

　オンラインって、発信側の話し方が全てになります。対面でも８割以上そうです。

　先生の知見、知識の深さは当たり前です。ひとつでも、ふたつでも伝えなくては、伝わらなくては大学に高い授業料払って来ていただく意味はないんです。

　どんなに素晴らしい理論もどんな立派なご著者も宝の持ち腐れです。

　何が必要か、"話すパフォーマンス力"です。そのセミナーで申し上げたのは"双方向性"です。

　話し方そのモノの改善には少し時間が必要ですが、これなら、"だれでもすぐ実践できる"それは、松城メソッド"クイズ話法"。

「この場合どちらだと思いますか？」と、いつ、誰が指名されるかわからない状況作りです。

　教室がクイズ会場になります。みんな楽しく受講できて居眠りす

る生徒はゼロです。

　企業研修には、新人研修、管理職研修　などありますがみなさん、会社命令を受けてやってきます。

今も強い味方　倉ちゃんはじめ、たくさんの教え子もアシスタントをしました。

「あーまたカッタルイ、マナー研修か」

　管理職に至っては「いくら研修しても今さら変えられないんだよね」なんて調子の方々と対戦せねばなりません。声を大にして「この場合はこうして、ああしてくださいね」などと話しても一人二人と船を漕ぎはじめ居眠り受講生が増えていきます。

　前安芸高田市長のように「恥を知れ！　恥を！」と叫ぶわけにもいきません。

　執筆中の今は都知事選の手前で石丸さんの政策発表記者会見が行われたところです。

　誰が都知事になるのか　この選挙戦は日本中が注目しています。

　石丸さんのロジックとパフォーマンス力は学ぶべきモノがたくさんあります。

この本が書籍として、みなさんに届く頃には結果が出ています。

しかしこれほど多くの国民に選挙と向き合わせただけでも凄いお方です。

企業研修の場合は新入社員研修が８割、中間管理職研修が２割。前記したような組織団体のテーマ別スポット研修もかなり有ります。

私は阪南市という大阪の南の果て、和歌山に近いところで住んだことがあります。ご縁ありて二度目の結婚（カッコイイ、海上保安官。今は、ハゲおやじ）。

娘が小学校６年の時、岸和田から転居。

ヤンチャ娘が20歳過ぎまで、阪南市さんにもクライアントとしてもお世話になりました。

国体やイベント司会などたくさん"話す仕事"をいただきました。

みなさん、行政もクライアントさんになるし、定期的な仕事をたくさんいただけますよ。しかも支払いは間違いないです（笑）。

娘の成人式の司会を私がさせていただいた時、ヤンチャ友達がステージの下に集まってきて

「おばちゃん、何してん？」と面白半分でからかいに来ます。

「うるさい、あっち行け」とやり取りしたのも、今は懐かしい想い出になりました。

阪南市さんからは《わんぱく王国》なる、今も人気の素晴らしい公園開園セレモニーのプロデュースと司会もさせていただきました。

ＪＲ阪和線　山中渓　というところで、春には桜の絶景スポットです。しかも、今も入園無料なんです。どでかい恐竜滑り台は、子どもたちに大人気です。

Chapter [1] どんな仕事？

オープニングセレモニーのプロデュースをさせて
いただいた"わんぱく王国"。
司会もさせていただきました。

　ご縁のループです。
　"点々が線になる"なんと娘の友人がこの山中渓駅から歩いて２分すぐそばで、古民家をリノベーションしたオシャレな複合店舗"山中渓サイドテラス"を運営しています。
　若き頃は有名サーファー、しかもイケメン。たまごが美味しいたまご料理専門店や、サーフボード販売などもしているこのお方、ただものではありません。
　無農薬のお米を栽培しているのですが、タダの農家さんではなく、"ラーニングフィールド大阪"なる組織の代表で、全国のみなさんを巻き込み、田植え体験や稲刈り体験をしています。
　ＴＶや新聞取材が絶えない注目の千代さんです。
　数年前、私の日本語の生徒、ベトナムのキエン君とＳＵＰでお世話になりました。海のスポーツならとても親切に、指導とお世話をしてくれますよ。私は海の上で寝転がっていただけですが。

千代さんは海のスペシャリスト。
SUPも案内していただきました。

"人間の生きる喜び"を追求してメディア取材の絶えない千代幸和さん。

千代幸和

Instagram　@yamanakadani_sideterrace　@learningfield_osaka

そして、娘の友人から私の友人に。

"点々が線になる"もうおひと方は、内藤健太さん。もう長いおつきあいになりますが、何と言っても"ハジメ君"のたん生がより私達を深く繋いでくれました。"ハジメ君"は可愛いなんて言葉では表現できないスゴク人を惹きつける魅力ある2歳の男の子、写真集を出したくなってます。ステキなパパとママだから当然かもしれません。

パパは若い時から世界を旅して、今は3軒のカフェバーのオーナー。たくさんのファンがいて、お店のイベントがとてもユニーク。ご紹介しますと、

このスマイルにみんなメロメロ。

大阪福島の7丁目にある溜まりBAR casa grande　@casa_grande0501

Chapter [1] どんな仕事？

　福島駅前には駄菓子 BAR カーサ　@dagashi_casa0925 というおもしろいお店も。
　3軒目はカラオケ BAR です。

⑦ＴＶニュースキャスター、リポーター

　各局のホームページには毎年新卒採用情報がアップされますのでインターン制度など、常にチェックをしてください。私ども"株式会社マリン・ザ・ボイス"のタレントＭＣ達も関西地区のＴＶ局ではたくさんお世話になってきました。

　朝日放送、関西放送、読売テレビ、サンテレビ、テレビ大阪、京都テレビ、各局様ほとんどお世話になっています。

　ＡＢＣテレビ「おはよう朝日」「新婚さんいらっしゃい」、関西テレビでは、花野桃は今も「ほんでなんぼ」「真夜中市場」などレギュラー出演中、読売テレビでは「ピーチ CAFE」で私はマナー講師で出演したり、サンテレビでは番組プロデューサーもさせていただきました。

でも、なによりお世話になり続けているのは、我が故郷岸和田のＴＶ岸和田さんです。開局以来、私含めたくさんのキャスター、リポーター、タレント達が出演させて頂いています。やはり仕事は"ご縁が大事"です。

　最近では、ＴＶ岸和田さんのお声をいただき、弊社"アクティブオール株式会社（前　株式会社マリン・ザ・ボイス）"が運営する"実光塾"の東岸和田イオンそよら校を新たに開講させていただきました。感謝あるのみです。

開局以来お世話になっているＴＶ岸和田さん。三鷹マネージャーと。

　以上、駆け足で、こんな仕事があるよ。そしてその現場ではこんなエピソードがあって、こんな発見もあったよと現場（仕事場を私達はこう言います）の空気感が伝わるようにご紹介してきました。

　ここまで読んでくださってありがとうございます。

　いよいよ、実際の松城光実"話し方メソッド"や卒業生の現況や生の声をお届けします。

　みんな、私を踏み越えて大活躍しています。

Chapter［2］ **松城メソッド**
（声づくりから、最強オリジナルメソッドまで）

（1）声づくり

　さあ、"話す仕事"へのスタートです。
「声なんか変わるの？」
　変わるんです！
「私はガラガラ声だから〜」
「僕は声がこもってるんだ」
　大丈夫‼ ✋
"人は限りなく変われる"
　どなたの声も少しの訓練で今ある声の味わいは　そのままに　よく通る、響きのある声
　つまり"心地よい声"を作れます。
　話し始めて 50 年。話し方、教え始めて 40 年。たくさんの人達の声を、話し方を、変えてきました。
　当たり前ですが、あなたは毎日、息をしてますね。どんな呼吸をしてますか？
"話す仕事"をしてもしなくても呼吸は"鼻呼吸"にしましょう。
『目いっぱい鼻から空気を吸ったら、お腹に力を入れ、腹筋を使って、肺に入ったその空気を少しずつゆっくり、口から吐いていきます』
　スキマ時間を活用して毎日、何回も何回も行ってください。
　あなたは 1 週間ほどで"腹式呼吸"体質に変わります。ほとん

ど風邪をひかなくなります。健康のためにも"腹式呼吸"日常的呼吸は、鼻から吸って鼻から出しましょう。

　そうやって"のどの守り"をかためたら、あなたの"声"をより美しくかつパワフル Voice にしましょう！

　私は声を"音"と言います。身体は楽器です。その時々、場面に合わせて、いろんな楽器のいろんな"音（声）"を出せたら、人生は♪めっちゃ楽しくなる〜♪。

　自分の身体ひとつでいろんな"音"を楽しめていろんな方々を楽しませることができる。それが"話す仕事"です。

　とにかく、毎日文字を見たら声を出して読んでください。

　雑誌、チラシ、週刊誌、看板、なんでも周りの方の迷惑にならない範囲で。

　声を出すことは、脳を活性化します。これは、はやくから脳科学者の先生方がおっしゃっています。

　一時音読ブームがありましたね。「声に出して読みたい……」なんて本もありました。

　１日15分、声を出しましょう。

　お料理レシピを声に出して、調理する。テレビのニュース、アニメ、ドラマの真似をして声に出す。毎日、毎日、毎日です。声を出してください。ここに３種類の発声発音練習のテキストを掲載しておきます。これを見ながら、１日３回ずつ声を出すと、より速く"エエ〜声〜"になります。

　我が実光塾では発声発音練習プリントとして毎日生徒に実践させます。

　尚、この３種の発声発音練習を始める前に50頁からの"練習のポイント"を必ずよく読んでください。

Chapter [2] 松城メソッド

〈発声・発音練習〉

ア	エ	イ	ウ	エ	オ	ア	オ		オ	ア	オ	エ	ウ	イ	エ	ア
カ	ケ	キ	ク	ケ	コ	カ	コ		コ	カ	コ	ケ	ク	キ	ケ	カ
サ	セ	シ	ス	セ	ソ	サ	ソ		ソ	サ	ソ	セ	ス	シ	セ	サ
タ	テ	チ	ツ	テ	ト	タ	ト		ト	タ	ト	テ	ツ	チ	テ	タ
ナ	ネ	ニ	ヌ	ネ	ノ	ナ	ノ		ノ	ナ	ノ	ネ	ヌ	ニ	ネ	ナ
ハ	ヘ	ヒ	フ	ヘ	ホ	ハ	ホ		ホ	ハ	ホ	ヘ	ヒ	フ	ヘ	ハ
マ	メ	ミ	ム	メ	モ	マ	モ		モ	マ	モ	メ	ム	ミ	メ	マ
ヤ	エ	イ	ユ	エ	ヨ	ヤ	ヨ		ヨ	ヤ	ヨ	エ	ユ	イ	エ	ヤ
ラ	レ	リ	ル	レ	ロ	ラ	ロ		ロ	ラ	ロ	レ	ル	リ	レ	ラ
ワ	エ	イ	ウ	エ	オ	ワ	オ		オ	ワ	オ	エ	ウ	イ	エ	ワ

キャ キェ キ キュ キェ キョ キャ キョ　　キョ キャ キョ キェ キ キュ キェ キャ
シャ シェ シ シュ シェ ショ シャ ショ　　ショ シャ ショ シェ シ シュ シェ シャ
チャ チェ チ チュ チェ チョ チャ チョ　　チョ チャ チョ チェ チ チュ チェ チャ
ニャ ニェ ニ ニュ ニェ ニョ ニャ ニョ　　ニョ ニャ ニョ ニェ ニ ニュ ニェ ニャ
ヒャ ヒェ ヒ ヒュ ヒェ ヒョ ヒャ ヒョ　　ヒョ ヒャ ヒョ ヒェ ヒ ヒュ ヒェ ヒャ
ミャ ミェ ミ ミュ ミェ ミョ ミャ ミョ　　ミョ ミャ ミョ ミェ ミ ミュ ミェ ミャ
リャ リェ リ リュ リェ リョ リャ リョ　　リョ リャ リョ リェ リ リュ リェ リャ

ガ	ゲ	ギ	グ	ゲ	ゴ	ガ	ゴ		ゴ	ガ	ゴ	ゲ	グ	ギ	ゲ	ガ
ザ	ゼ	ジ	ズ	ゼ	ゾ	ザ	ゾ		ゾ	ザ	ゾ	ゼ	ズ	ジ	ゼ	ザ
ダ	デ	ヂ	ヅ	デ	ド	ダ	ド		ド	ダ	ド	デ	ヅ	ヂ	デ	ダ
バ	ベ	ビ	ブ	ベ	ボ	バ	ボ		ボ	バ	ボ	ベ	ブ	ビ	ベ	バ

ギャ ギェ ギ ギュ ギェ ギョ ギャ ギョ　　ギョ ギャ ギョ ギェ ギュ ギ ギェ ギャ

ジャ ジェ ジ ジュ ジェ ジョ ジャ ジョ　　ジョ ジャ ジョ ジェ ジュ ジ ジェ ジャ

ビャ ビェ ビ ビュ ビェ ビョ ビャ ビョ　　ビョ ビャ ビョ ビェ ビュ ビ ビェ ビャ

ピャ ピェ ピ ピュ ピェ ピョ ピャ ピョ　　ピョ ピャ ピョ ピェ ピュ ピ ピェ ピャ

ガ ゲ ギ グ ゲ ゴ ガ ゴ　　ゴ ガ ゴ ゲ グ ギ ゲ ガ

〈滑舌練習〉

○あなたがたのあざやかな赤い旗があがったときは、頭がなかなか
　あがらなかった

○医者が石屋と言い合いのときに、石屋と医者が居合わせた

○打ちにくい釘、引き抜きにくい釘、釘抜きで抜く人

○経営　経済　尖鋭　声援　遠泳　永遠　全然　全盛　前線　前衛

○お綾やおやにおあやまり、お綾や八百屋におあやまりとお言い

○貨客船の旅客と乗客が危険と旅客が知らせた

○新設診察室視察を最新式写真撮影法で試写した

○かけがえのない竹垣のわきに、青竹の竹立てかけたかったので竹
　立てかけたところが、竹立てかけられなかった

Chapter [2] 松城メソッド

○京の生鱈、奈良生真名鰹に、生水　生麦　生米　生玉子　生麦　生水　生玉子　生米

○へなへなの批評を書いたので、批評集にへなへなの批評を載せられた

○青巻紙　赤巻紙　黄巻紙　黄巻紙　赤巻紙　青巻紙　長巻紙

○ゆずゆのある湯屋へ行こうと言い合う

○治療中の旅客に最良の料理を、旅客が料理した

○若い若人の私は、藁にかくれたわなにかかった若い鰐を笑った

○蛙ひょこひょこ　三ひょこひょこ　三ひょこひょこ　合わせてひょこひょこ　六ひょこひょこ

○粉米の生がみ、粉米の生がみ、こん粉米のこなまがみ

○書写山の沙僧正、上方僧書写山、社僧の総名代、今日の奏者は書写じゃぞ書写じゃぞ、沙僧正

○菊栗　菊栗　三菊栗　合わせて菊栗　六菊栗

○東京特許許可局許可の特許許可書

○憐れむ、憐れみ、お憐れみ

○手術室、消費者、派出所

○バスガス爆発

○ジャズ歌手、シャンソン歌手

○伝染病予防病院予防病室、伝染病予防法

○すももも桃ももう熟れたからもう売れよう

○笹原さん、佐々木三郎さん、佐々佐吉さん、三人早速あさって
　誘ってさしあげよう

○書きかけ書こうか、駆けっこか、買い食いか、危険、危険、今日
　が期限だ、書きかけ書こう

Chapter [2] 松城メソッド

「外郎売りの科白<ruby>（セリフ）</ruby>」

拙者親方と申すは、お立ち会いの内にご存知のお方もござりましょうカ゚、
せっしゃ　おやかたと　もーすは、　おたちあいのうちに　ごぞんじの　おかたも　ござりましょーカ゚、

お江戸を発って二十里上方、相州小田原一色町をお過ぎなされて
おえどをたって　20り　かみカ゚た、そーしゅー　おだわら　いっしきまちを　おすキ゚なされて

青物町を上りへおいでなさるれば、欄干橋虎屋藤衛門、
あおものちょーを　のぼりへ　おいでなさるれば、　らんかんばしとらや　とーえもん、

只今では剃髪致して円斎と名乗りまする。
ただいまでは　てーはついたして　えんさいと　なのりまする。

元朝より大晦日までお手に入れますこの薬は、
がんちょーより　おーつゴ゚もりまで　おてにいれます　このくすりは、

昔、珍の国の唐人、外郎という人、わが朝へ来たり、
むかし、ちんのくにの　とーじん、　ういろーとゆーひと、わカ゚ちょーへきたり、

39

帝へ参内の折りからこの薬を深く籠め置き、
みかどへ　さんだいのおりから　このくすりを　ふかくこめおき、

用ゆる時は一粒ずつ冠の隙間より取り出だす。
もちゆるときは　いちりゅーずつ　かんむりのすきまより　とりい
だす。

依ってその名を帝より「透頂香」と賜る。
よって　そのなを　みかどより　「とーちんこー」とたまわる。

即ち文字には「頂き・透く・香ひ」と書いて「透頂香」と申す。
すなわち　もんじには　「いただき　すく　におい」　とかいて
「とーちんこー」ともーす。

只今では、この薬、殊の外、世上に広まり、方々に偽看板を出だし、
ただいまでは、このくすり、ことのほか　せじょーにひろまり、
ほーぼーに　にせかんばんをいだし、

イヤ小田原の、灰俵の、さん俵の、炭俵のと、色々に申せども、
いや　おだわらの、はいだわらの、さんだわらの、すみだわらのと、
いろいろにもーせども、

平仮名をもって「ういろう」と記せしは、親方円斎ばかり。
ひらがﾟなをもって　「ういろー」と　しるせしは、おやかた　えん
さいばかり。

Chapter [2] 松城メソッド

もしやお立ち会いの内に、熱海か塔ノ沢へ 湯治にお出でなさるるか、
もしや　おたちあいのうちに、あたみか　とーのさわへ　とーじに
おいでなさるるか、

又は、伊勢御参宮の折からは、必ず門違いなされますな。
または、いせ　ごさんクﾟーのおりからは、かならず　かどちガﾟい
なされますな。

お上りならば右の方、お下りなれば左側、八方が八つ棟、
おのぼりならば　みキﾟのかた、おくだりなれば　ひだりガﾟわ
はっぽーガﾟ　やつむね、

面が三つ棟、玉堂造り、破風には菊に桐の薹の御紋を御赦免あって、
おもてガﾟ　みつむね、ぎょくどーづくり、はふには　きくに　き
りのとーの　ごもんを　ごしゃめんあって、

系図正しき薬でござる。
けーず　ただしき　くすりでござる。

イヤ最前より家名の自慢ばかり申しても、
いや　さいぜんより　かめーの　じまんばかり　もーしても、

ご存知ない方には、正身の胡椒の丸呑み、
ごぞんじないかたには、しょーしんのこしょーのまるのみ、

白河夜船、されば一粒食べかけてその気味合いをお目にかけましょう。

しらかわよふね、されば　いちりゅー　たべかけて　そのきみあいを　おめにかけましょー。

先ずこの薬をかように一粒舌の上にのせまして、

まず　このくすりを　かよーに　ひとつぶ　したのうえに　のせまして、

腹内へ納めますると、イヤどうも言えぬわ、

ふくないへ　おさめますると　いや　どーもいえぬは、

胃・心・肺・肝が健やかに成りて

い・しん・はい・かんヵ゚すこやかになりて

薫風喉より来たり、口中微涼を生ずるが如し。

くんぷー　のんどより　きたり、こーちゅー　びりょーをしょーずるヵ゚ごとし。

魚・鳥・茸・麺類の食い合わせ、その外、万病速効ある事神の如し。

ぎょ　ちょー・きのこ・めんるいの　くいあわせ、そのほか、まんびょー　そっこーあること　かみのごとし。

さて、この薬、第一の奇妙には、

さて、このくすり、だいいちのきみょーには、

Chapter [2] 松城メソッド

舌の廻ることが、銭独楽が裸足で逃げる。
したのまわることカ゚、ぜんゴ゚まカ゚　はだしで　にケ゚る。

ひょっと舌が廻り出すと、矢も盾も堪らぬじゃ。
ひょっと　したカ゚　まわりだすと、やもたても　たまらぬじゃ。

そりゃそりゃ、そらそりゃ、廻って来たわ、廻って来るわ。
そりゃそりゃ、そらそりゃ、まわってきたわ、まわってくるは。

あわや喉、さたらな舌に、か牙さ歯音、
あわやのんど、さたらなぜつに、かケ゚さしおん、

はまの二つは唇の軽重、開合さわやかに、
はまの　ふたつは　しんの　けいちょー、かいゴ゚ー　さわやかに、

あかさたなはまやらわ、おこそとのほもよろお。
あかさたな　はまやらわ、おこそとの　ほもよろお。

一つへぎへぎに　へぎ干し　はじかみ、盆豆・盆米・盆牛蒡、
ひとつ　ヘキ゚ヘキ゚に　ヘキ゚ほし　はじかみ、ぼんまめ　ぼんゴ゚
め　ぼんごぼー

摘み蓼・摘み豆・摘み山椒、書写山の社僧正、
つみたで・つみまめ・つみざんしょ、しょしゃざんの　しゃそー
じょー

43

小米の生噛み、小米の生噛み、こん小米のこ生噛み。
こ小米の　なま小み　こ小めのなま小み　こんこ小めの　こ
なま小み。

繻子・緋繻子・繻子・繻珍、
しゅす・ひじゅす・しゅす・しゅちん、

親も嘉兵衛　子も嘉兵衛、親嘉兵衛・子嘉兵衛、子嘉兵衛・親嘉兵
衛、
おやもかへー　こもかへー、おやかへー　こかへー　こかへー　お
やかへー、

古栗の木の古切り口、雨合羽か番合羽か、
ふるくりのきの　ふるきりくち、あま小っぱか　ばん小っぱか、

貴様の脚絆も皮脚絆、我等が脚絆も皮脚絆、
きさまの　きゃはんも　かわきゃはん、われら小　きゃはんも
かわきゃはん、

尻皮袴のしっ綻びを、三針針長にちょと縫うて、
しっかわばかまの　しっぽころびを、みはり　はりな小に　ちょ
と　ぬーて、

縫うてちょとぶん出せ、
ぬーて　ちょと　ぶんだせ、

Chapter [2] 松城メソッド

河原撫子・野石竹、野良如来、野良如来、三野良如来に六野良如来。
かわらなでしこ　のぜきちく、のらにょらい　のらにょらい　みの
らにょらいに　むのらにょらい。

一寸先の御小仏に　御蹴躓きゃるな、細溝にどじょにょろり。
ちょっと　さきの　おこぼとけに　おけつまずきゃるな、ほそどぶ
に　どじょ　にょろり。

京の生鱈　奈良生真名鰹、ちょと四五貫目、
きょーの　なまだら　なら　なま　まなカ゚つお、ちょと　し　ご
かんめ、

お茶立ちょ茶立ちょちゃっと立ちょ。茶立ちょ、青竹茶筅でお茶
ちゃっと立ちょ。
おちゃたちょ　ちゃたちょ　ちゃっと　たちょ。ちゃたちょ、あお
たけ　ちゃせんで　おちゃ　ちゃっと　たちょ。

来るは来るは何が来る、高野の山の　御柿小僧、
くるは　くるは　なにカ゚くる、こーやのやまの　おこけらこぞー、

狸百匹　箸百膳　天目百杯　棒八百本。
たぬき　ひゃっぴき　はし　ひゃくぜん　てんもく　ひゃっぱい
ぼー　はっぴゃっぽん。

武具・馬具・武具馬具、三武具馬具、合わせて武具馬具、六武具馬具。

ぶグ・ばグ・ぶグ・ばグ・みぶグばグ、あわせて　ぶグ・ばグ・むぶグ　ばグ。

菊・栗、菊・栗、三菊栗、合わせて菊・栗、六菊栗。

きく・くり、きく・くり・みきく　くり、あわせて　きく・くり、むきく　くり。

麦・塵、麦・塵、三麦塵、合わせて麦・塵、六麦塵。

むキ・ごみ・むキ・ごみ、みむキ　ごみ、あわせて　むキ・ごみ・むむキごみ。

あの長押の長薙刀は、誰が長薙刀ぞ。

あの　なゲしの　なガなキなたは、たガ　なガなキなたぞ。

向こうの胡麻殻は荏の胡麻殻か、真胡麻殻か、

むこーの　ごまガらは　えの　ごまガらか、まごまガらか、

あれこそ本の真胡麻殻。

あれこそ　ほんの　まごまガら。

がらぴぃがらぴぃ風車、起きゃがれ小法師、起きゃがれ小法師、

がらぴー　がらぴー　かざグるま、おきゃガれ　こぼーし、おきゃガれ　こぼーし、

Chapter [2] 松城メソッド

昨夜も溢してまた溢した。
ゆんべも　こぼして　また　こぼした。

たぁぷぽぽ、たぁぷぽぽ、ちりから、ちりから、つったっぽ、
たーぷぽぽ、たーぷぽぽ、ちりから、ちりから、つったっぽ、

たっぽたっぽ一丁蛸、落ちたら煮て食お、
たっぽ　たっぽ　いっちょーだこ、おちたら　にてくお、

煮ても焼いても食われぬ物は、五徳・鉄灸・金熊童子に、
にても　やいても　くわれぬものは、ごとく・てっきゅー・かな
ク°まどーじに、

石熊・石持・虎熊・虎鱚、
いしくま・いしもち・とらくま・とらきす、

中でも　東寺の羅生門には　茨木童子が腕栗五合　掴んでお蒸しゃ
る。
なかでも　とーじの　らしょーもんには　いばらきどーじカ°　う
でくり　ごんコ°ー　つかんで　おむしゃる。

彼の頼光の膝元去らず。
かのらいこーの　ひざもと　さらず。

鮒・金柑・椎茸、さだめて後段な、
ふな・きんかん・しいたけ、さだめて　ごだんな、

47

蕎麦切り・素麺、饂飩か愚鈍な小新発知。
そばきり、そーめん、うどんか、ぐどんな　こしんぼち。

小棚の、小下の、小桶に、小味噌が小有るぞ、小杓子、小持って、
こだなの、こしたの、こおけに、こみそカ゜　こあるぞ、こしゃくし、こもって、

小掬って小寄こせ、おっと合点だ、心得田圃の川崎、
こすくって、こよこせ、おっと　がってんだ、こころえ　たんぼの　かわさき、

神奈川、程ガ谷、戸塚は、走って行けば灸を摺りむく、
かなカ゜わ、ほどカ゜や、とつかは、はしっていけば　やいとをすりむく、

三里ばかりか、藤沢、平塚、大礒がしや、
さんりばかりか、ふじさわ、ひらつか、おーいそカ゜しや、

小磯の宿を七ツ起きして、早天早々、相州小田原、透頂香。
こいその　やどを　ななつ　おきして、そーてん　そーそー　そーしゅー　おだわら　とーちんこー。

隠れござらぬ貴賎群衆の、花のお江戸の花ういろう、
かくれござらぬ　きせん　ぐんじゅの、はなの　おえどの　はなういろー、

Chapter [2] 松城メソッド

あれあの花を見て、御心を御和らぎやと言う。
あれ　あのはなをみて　おこころを、おやわらₚゃという。

産子、這う子に至るまで、此の外郎の御評判、ご存知ないとは申され
れまい
うぶこ、はうこに　いたるまで、この　ういろーの　ごひょーば
ん、　ごぞんじないとは　もーされまい。

まいつぶり、角出せ、棒出せ、ぼうぼう眉に、
まいつぶり、つのだせ、ぼーだせ、ぼーぼーまゆに、

臼・杵・擂鉢、ばちばちぐゎらぐゎらと、
うす、きね・すりばち、ばちばち　ぐわら　ぐわらと、

羽目を弛して今日お出での何茂様に、上げねばならぬ、売らねばな
らぬと、
はめを　はずして　こんにち　おいでの　いずれもさまに、あ々
ねばならぬ　うらねばならぬと、

息勢引っぱり、東方世界の薬の元締め、薬師如来も照覧あれと、
いきせー　ひっぱり、とーほー　せかいの　くすりの　もとじめ、
やくしにょらいも　しょーらんあれと、

ホホ敬って、外郎は、いらっしゃりませぬか。
ほほ　うやまって、ういろーは、いらっしゃりませぬか。

練習のポイント

1、一音一音を切って発音する。

2、ア　エ　イ　ウ　エ　オ　ア　オ
　　オ　ア　オ　エ　ウ　イ　エ　ア
　　往復して読んでください。
　　母音の口の形は絶対に守る！
　　何故ならすべての日本語の音の
　　源、母なる音だからです。

3、滑舌練習は、はじめはゆっくり
　　正確に声に出す。

4、「外郎売り＿ういろう売り」は覚える‼
　　　プロの話し手のミッションです。パウチしてお風呂で覚えてください。
　　　この「外郎売り」は市川団十郎の歌舞伎の演目に出てくるセリフ海老蔵さんのお子さんたちもしっかり覚えてました。
　　　この「外郎売り」を完璧にこなせたら、アナウンサーの基礎はパーフェクト‼　各行の下に読み方を書いています。「カ゜」行の表記は鼻に抜く鼻濁音です。
　　　「外郎売り」を使った松城最強メソッドはあとの Chapter で詳しく説明します。
　　　この３種類を毎日訓練すれば３か月でプロの"音"（声）が出来上がります。

Chapter [2] 松城メソッド

"心地よい声"は"話す仕事"の一丁目一番地です。

　母音アイウエオ他それぞれの"音"の出し方のコツは続いて詳しく書いておきますので、確認して"音"、声を出して読んでくださいね。

母音他各音の発声練習法

・母音

「ア」は、指3本縦に入るくらいに口を全開する。

「イ」は、口角を横いっぱいに引き上げる。

「ウ」は、口をすぼめてアヒル口にする。

「エ」は、アよりも少し左右に引く。

「オ」は、唇を縦にすぼめる。最近横開きだけでしゃべる方もいますから、気をつけてください。

　母なる音、母音は全ての音を生み出す大切な大切な音です。

　それでは、母音以外の音の発声法をお伝えします。

☆破裂音

　無声音　p.t.k

　有声音　b.d.g

は、喉の奥で音を破裂させるつまりスタッカートで音を出します。

　カ行、タ行、パ行、ガ行、ダ行、バ行　一音一音、切って歯切れ良く発音しましょう。

　初めはじゃまくさく感じるかもしれませんが、破裂音がきれいになるととても"話し方"がクリアになります。

　"心地よい声"にぐ～んと近づきます。

51

☆拗音

　キャキュキョ、チャチュチョなど小さな文字がセットになっている文字を拗音と言います。

　一拍の時間で一気に発音しましょう。関西圏は、キャをキ、ヤーなど間延びした発音の方が多いです。

☆弾音

　ラ行です。弾ける音です。上顎のソフトパレットと呼ばれる奥の柔らかいところ舌をあてて弾きます。

☆撥音

「ん」の音です。この音はきれいに出せると本当に綺麗な"話し方"になります。大事‼

「きんかん」「さんかん」「どんかん」など鼻に抜いて一拍おいて響かせる。

☆促音

「びっくり」「ゆっくり」「ドッキリ」など、小さな「っ」です。一拍時間をかけて発音してください。これも関西圏の方は、長すぎたり、短過ぎたりします。

「ゆ～くりしてや」

「びくりしたな～」

　なんて感じです。私は結構好きですが、仕事では使えません。

　母音、破裂音、拗音、弾音、撥音、促音

　これに、☆鼻濁音という音は歌う時にも言われますが途中に出て

くるガギグゲゴは鼻に抜いて発音しましょう。

とても優しい"話し方"になりますよ。

例えば→音楽の「カ°」

私が、あなたが、の「カ°」

ただし、音楽学校のような複合語は後半頭の学校の「ガ」は鼻濁音にはしません。

あとひとつ、あとひとつだけ野球の応援ソングじゃないけど

☆無声化ができればベスト

標準語のアクセントで話せると自然と"無声化"しますが

例えば→菊の「キ」爆発の「ク」

です。ます。の「ス」

アクセント辞典で調べると無声化以外の音のこともたくさん載っています。

時間が有る時、たまにはスマホを置いてアクセント辞典を1ページ目から見てみてください。

ただこれぐらいのことです‼　これぐらいのことを訓練するだけで"プロの声"は作れるんです。

3か月経てば自分の声の変化に驚かれるでしょう。

そして、半年、1年経てば自信に満ちたあなたがいます。

よく通る共鳴する声が出来上がると表現力がぐ～んとアップします。

＜声を　きたえりゃ　勇気100倍＞

心身共に、力がみなぎるのを実感できます。

（2）「外郎売り」　松城オリジナルメソッド

　この訓練は対面でないとわかりにくいというのが、正直なところです。

"外郎売り"のセリフそのものの注意点が多いからです。

　また、動画などにアップして詳しく説明します。

　すぐに習得したい方は私の実光塾でぜひ学んでください。

　この本の中ではその方法を説明しておきます。

"外郎売り"を覚えることが先決！　覚えたならば

　まずは

　笑いながら思い切り大胆に大声で、オーバーアクションで読んでください。

　しばらく読み進んだら今度は笑いながらそして泣きわめきながら読んでください。

　次はいろんなキャラクターで読んでみます。

　３、４歳の可愛い女の子の声

　しわがれたおばあさんの声

　おじいさんの声

　透き通る、美しい声の女性

　きゃぴきゃぴの若い女の子の声

　ツンデレのクールな女性の声

Chapter [2] 松城メソッド

勇敢な少年の声など

思いつく限りのキャラクターの声で練習をします。

声優になったつもりで、この"外郎売り"のセリフを言ってみてください。

そのためには、"覚える"ことをしないとできないんです。

私は毎日入浴の時間にやっています。喉を痛めることもないし、やりだすと結構楽しくなってくるんです。

バスタブにも長くつかっていられますし、健康にもダイエットにも良いですよ。

初めは恥ずかしいとか、ばかばかしいと思うかもしれませんが、これをやることで、ずいぶんと他の人との差ができてしまうんです。

今いろんなところで活躍中の我が実光塾の卒業生は、みんなこの外郎売りのセリフの特別レッスンをやってきました。

あなたも騙されたと思ってぜひやってみてください。表現力が一気にアップしますよ。

Chapter [3] 感性磨き

松城メソッド（2）感性磨き

"音"声をつくりながら、並行して訓練するスキルは
"感性の深さ"が大事になります。

　声に出して表現する時
　みなさんは何が大事と思いますか？

　音楽、演劇、絵画、読書、全て感性を磨く大きな要素です。

　ここにポエム（詩）をプラスして音読してください。

"話す仕事"には特効薬になります。

　自分で作ったポエム（詩）でも誰かの作品でも、お気に入りの歌
詞でもいいです。
　自分で作ってみる、そして気持ちを入れて、声に出して読むその
行為が一番効果大ではあります。
　ここに拙い作品ですが私の、幼少期の母との会話をポエムにした
のを紹介します。
　これを読むと母との想い出が鮮明に蘇ります。

Chapter [3] 感性磨き

『おかあちゃん』

松城　光実

パーン　パンパン　パーン

ヒューン　ドカン！

パーン　パンパン

「おかあちゃん、花火始まってしもたでぇ、もう行ってくる～」

「あかんあかん、はよ行水しい、浴衣着せたるから」

パーン　パンパン　パーン

エンヤ　ソーリャ

ソーリャ　ソーリャ

エンヤソーリャ

「おかあちゃん、きたでぇ～

来た来た　もうそこへ来てるー」

「ええか綱持ったら、こけても絶対離したらあかんでぇ。

だんじり止まるまで、綱は離したらあかん」

「わかってるて、絶対はなせへん。行ってくるわー」

ソーリャ　ソーリャ

チョイトセ　ソーリャ

チキチン　ドンドン

チキチン　ドンドン

ソーリャ　ソーリャ　ソーリャ……

57

花火の夏から　秋のだんじり祭り
季節の移ろいと共に

おかあちゃんはずっと私のそばにいる。

母は観劇が好きでした。京都四条大橋南座前

Chapter［3］感性磨き

『永遠の歌』

松城　光実

鍵がはずされた
目覚めた風が　ヒュルリと吹いて
窓辺に　永遠の歌がはこばれた
幻妖の虚無僧は、細胞の奥深く入り込み
時空（とき）の扉をこじあけて
青い炎で焼きつくす
宇宙（そら）を舞う　光の風につつまれて
ふわふわと　灰になろう
永遠（とわ）の調べにのって

川面に映す

松城　光実

好きになったら「一緒に居たい」

好きになったら「一緒に食べたい」

好きになったら「一緒に旅したい」

嫌いになったら「言葉が出ない」

嫌いになったら「手をつなげない」

嫌いになったら「一緒に居られない」

好きになったり嫌いになったり過ぎゆく人生（とき）

の流れのその川面には「好き」をいっぱい映したい

Chapter［3］感性磨き

　読み方はいく通りもあり
　その時々の自分の気持ちで変わります。

　あなたなら、どんなふうに読みますか？
　私の亡き相棒がミュージシャンで、浜田省吾さんを14歳から亡くなる50歳まで敬愛していました。
　その影響で浜田省吾さんの楽曲をよく聴くようになりました。
　彼が亡くなって今年で10年。省吾さんのライブがある限り、私は、1人でずっと参戦しています。
　浜田さんはただのアーティストではない、アーティストを超えた表現者で、音はもちろんその歌詞の“心に響く”こと。
「家路」という楽曲の歌詞にこんなのがあります。

「どんなに遠くてもたどり着いてみせる
　石のような孤独を道連れに、空とこの道、出会う場所へ」

　とても素晴らしい楽曲なので聞いたことのない方は是非初めから最後まで全部聴いてみてください。

　他の楽曲もとても素晴らしい浜田省吾さんです。私はよく、歌詞を音読させていただいています。
　感性が磨かれて来ると司会進行していてもいろんな方の気持ちに自然と、想いを馳せることができます。
「今ご挨拶された方はきっとたくさんの溢れる思い出の中から、この言葉を選ばれたんだな」
「お聴きになってるあの方のお気持ちはいかばかりかな」

61

司会者として、「次に発する言葉は何がベストだろうか」
　常に考えている自分があります。相手を瞬時に感じ取る感性は表現者にとって1番大事なことですね。

　感性磨きとは、別の観点ではありますが、私たち、この地球上に生存する人間が決して忘れてはならないのが"戦争"。唯一被爆国の日本にいる私たちはもっと戦争を知らなければならない。過去の歴史はもちろん、今も世界各地で行われている戦争の現実。知らんぷりをして日々を過ごすか、知ろうとするか。「知って何ができるの？」の前に少しでも知ろうとする心を持っていたい。

原爆ドーム　忘れてはならないものがある。

Chapter [4]　飽きさせない!!

　人は飽きる動物なのです。
　どんなに好きな食べ物もどんなに好きな人でも。

　だから"飽きさせない"ことが大事!

"飽きさせない話し方"は楽しいコミュニケーション、楽しいパフォーマンスの重要ポイントです。

　毎日の生活の中での会話が同じ話題ばかりで「それいつも言ってるよ」「もう聞きたくない」と感じる方いませんか?

　今まで頑張って生きてきた、おばあちゃま、おじいちゃまはいいんです。
　何回聞いても初めて聞いたように「エッ、そうなの?」って応えるのが当然の所作です（石丸伸二氏風）。

　だけどそうじゃない方の同じ愚痴やどうでもいい話の繰り返しは反応しかねます。
「おまえの話しはつまらん!」少し前にテレビでよく聞いたセリフを言いたくなります。
　結構気づかずにやっていたりするものです。私も気をつけたいと思います。

なにより、それは相手に失礼にあたります。何故なら、相手のことはお構い無く自分の言いたいことを言って自分の憂さばらしをしているだけだから。

　常に相手を想い、その場の空気が楽しいモノになるように話せたら、人との関係も良くなります。
　だから客観的に物事をみる"感性"を磨くことが必要です。
　自分軸を持って他人と関わる人はいつも話題がフレッシュでもぎたてフルーツのように爽やかです。

　ここで松城メソッド

"飽きさせない話し方"スキルをお伝えしていきます。

　その１、タイムリーな話題を話せ！
　時事ネタは就活面接でもよく聞かれます。
　今、社会で何が起きているかを知ることは大事です。

　その２、タイムラグを認識せよ！
　話し相手にとって、その話題が今聞いても興味あることか、もう完全に終わった話かを考える力が必要。

　その３、その場に合った、声、テンションで話せ！
　無駄に大きな声その場にはそぐわないハイテンション。
　その逆もありむやみに周りを暗くする小さな元気ない声やローテ

Chapter［4］飽きさせない!!

ンション。

"飽きさせない話し方"相手を思いはかれることが大事です。

Chapter [5] "喜怒悲驚" 瞬発トレーニング

"喜怒悲驚" 瞬発トレーニング
　キドヒキョウトレーニングと読んでください。

　人生生きていたらいろんなことがありますね。
　良い時も悪い時も。
　良い時はずっと続いてくれたらいいと願うし
　悪い時はできるだけ早く過ぎて欲しいと願います。
　悪い時は、何よりも自分の脳に言って聴かせることが大事です。
「今はこんなに辛い状況でも、きっと状況は変えられる。解決策は
必ず有る」と。
　人生の切り替える力は大事です。
　そのチェンジパワーをアップするのが "喜怒悲驚" 瞬発トレーニ
ングです。

　立ち直り能力の高い人と、いつまでも引きずる低い人がいます。
　嫌なことは早く忘れ、次の目標に向かうのが一番です。
　人間の脳細胞の大切な働きをするのが、ニューロン（神経細胞）
です。
　その数、大脳、小脳あわせ 1000 億個近くあるらしいです。

　このニューロンを鍛えると脳は元気になるそうです。よって、常
に鍛えてあげましょう。

喜怒悲驚の
「喜」「怒」「悲」「驚」

「喜び」「怒り」
「悲しみ」「驚き」

　同じひとつの言葉、今回は「きれいだわ」にしましょうか。
　この言葉を、次々に出される四つの感情カードに合わせて表現します。

　鏡を見ながら、顔の表情も合わせて表現してください。

「話す仕事」だけではなく俳優への道も開かれるかもしれません
(笑)

秘伝　松城メソッドカードでブレーンチェンジ力を高める。

Chapter [6] 双方向作戦

　会話はキャッチボールが大事とよく言われます。

　少人数でも、多人数でも、人と話すときには決して一方的に話してはいけません。

　今話していることがお互いに理解できているかどうか、常に確認し合うことが大事です。

　それは、会社の会議でも、大学の講義でも同じです。

「ここまで大丈夫ですか？　ご理解いただけましたでしょうか？」

　と途中で聞いてみてください。

　講義や講演の時には、前述したようにクイズ形式にしてみるのも楽しいですよ。

"問いかけることは寄り添うことです。"

　日常生活でもより良いコミュニケーションが取れます。

　自分のことを気にかけてくれている、そう思えることはとても嬉しいことです。

　クイズを出す時は

「ジャジャン♪　ここでクイズです」

　テレビプログラムのように盛り上げて話してくださいね。

　回答をもらったら

「ピンポ〜ン！　大正解‼」

Chapter [6] 双方向作戦

聞き上手は話し上手とよく言われます。

しかし、「聞きましたよ、今のお話」という発信をしなければ相手には伝わりません。

聞きました→受け止めましたというパフォーマンスが大事。

受け止め上手は、"話し上手"

"話す仕事"のデキル人です。

Chapter [7] ㊙話す職人技

　王道スキルを自分だけの裏技に‼
　アナウンサーになると徹底した発声発音練習の後に必ず教育される

　　イントネーション
　　ポーズ（間）
　　抑揚
　　スピードの緩急
　　トーンの高低

　それらを組み立ててできる、表現の転換力などなど、いろいろと訓練します。
　もちろん、それらを駆使して表現することは基本で大切なことです。

　さて、この基本スキルを自分の裏技にして、自分の個性までにするには、何が大事だと思いますか？

　私はある時、舞踊界の人間国宝と言われる方の舞台の司会進行をさせていただきました。
　その舞台は日本舞踊の各流派のトップクラスが競演する、珍しい舞台でした。

Chapter [7] ㊙話す職人技

最後のトリをとられたのは人間国宝の舞踊家の方、舞台の袖でお付きの方々に囲まれ、水を飲んだり、扇子であおがれたりしているのですが、そのご様子はどうも落ち着かない。
大変緊張なさっていました。
「人間国宝級の方でも緊張されるのですか？」
当日舞台監督をされていた私の演劇の師匠、故木村先生にお尋ねしたら

貴重な教えをいただいた恩師
故木村先生と。

「人間国宝だから緊張するのだ」

とのこと……？？

ここでクイズです♪

数々の大舞台に出演なさっている人間国宝がなぜ舞台に立つ直前に緊張されるのでしょうか？

アンサーです!!

"人前で表現をする"
その時に、最高のパフォーマンスをするために必要なものは
"緊張と緩和のバランス"なのだと教えていただきました。
それを"無の境地"と言うのでしょうか。

71

他にも
「舞は、舞台から足を離さない。踊りは舞台で跳ねたり、足を上げたりする」

　そしてスペシャルな教え!!

「全ての表現には"間"というものがある。それはＡとＢの間（あいだ）のことではなくＡからＢへの流れへの"間"なんだよ」

　この教えは私の"話す仕事"の生涯の宝ものになりました。依って、松城メソッドではナレーションを読む時も司会をする時も"切り切らず"の手法を、つまり"流れ"を大事にしています。

　ごめんなさい。この手法だけは、活字では説明できません。
　ＡＩにもできないでしょう。

"人から人に口伝えする"しかないです。
　だから感性を深めることは、表現者にはとっても大事です。

　日本の芸能、落語や講談、演劇がＡＩに負けることは無い!!

　そう信じます。

　良き師匠と出逢うことは人生の中で、最高に大切なひとつです。

　故木村先生は初めてＴＶ放送なるものがＮＨＫでスタートした時

Chapter [7] ㊙話す職人技

から出演され、舞台演出のオーソリティでもあります。

　たくさんのことを教えていただきました。

　但し、いつも自分で解答をしっかり探して努力をすることを課せられました。

　すぐに答えを与えられることはなかったように記憶しています。

　図書館通いや、いろんな場所や人を訪ねて、自分なりの答えを持って教えを乞うのが常でした。

　今はググれば大抵のことはすぐわかります。

　それはそれでとても効率よく前に進めます。

　しかし、昔のように自分の足で、目で、耳で得た解答はひとつの答えではなく

　その課題以外のたくさんの知識や知恵を獲得して、しかも身体に刷り込まれ自身の感性になったと思います。

　良き師匠と出逢うのはそう簡単ではないし、出逢っても、気づかないこともある。

　"求めよ、然らば与えられん"という、言葉がありますが、学びはその時々のいろんな人、いろんな書物からも得ることができます。

　「君たちはどう生きるか」

73

という映画がありましたね。この世に生まれてきたことに対して、

「私は何のために生きてるの？」などと自問自答したりします。

"この世に生まれたこと"は私の意思ではありません。
　思春期には、「産んでくれと頼んだ覚えはない」なんて親に言ったかどうか記憶は定かではない。

　しかし、どうあがこうと　《生まれた》　のだ。
　よって　《どう生きるか》　しかない。心配せずとも
　いずれ『終わる』。
"永遠の生命"はない。
　何歳まで生きると言う保証もない。

　ならば今ここから（20歳前）
　何に向かって生きるかを考えた。
「人は限りなく変われる」
　岸和田のだんじり娘に初めてそう学ばせてくれた
　言葉の壁

"話す仕事"をしよう!!
　割合若くして　その道は決断しました。

　あれから50数年いろんな話す仕事をさせていただきました。

　仕事の種類は年齢とともに変わっていきました。

30代に入ったら、マナーの講師の仕事を身に付けました。

"マナーと話し方"

相性が良く、見事にマッチングしました。研修やコーチングの仕事が増えました。

養成所を始めたのも30代の初めです。今では師匠を踏みつけて、イエイエ踏み越えて全国で教え子たちがいろんな活動を生き生きと楽しくやっています。

私の人生の大切な心の財産になりました。

マナーコース認定証授与。

次のChapterでは彼女達に生の声を届けてもらいました。

実光塾、松城メソッドから何を習得し、どう歩んできたか

これから"話す仕事"を目指すみなさんへの貴重なヒントに溢れています。

Chapter [8] 何を学んだか、卒業生の声

　この Chapter は長くなりますが
"話すプロ"を目指す方はぜひ読んでください。

　私はたくさんの"話すプロ"を育ててきました。
　その教え子の生の声が"話すプロ"を目指すみなさんの確かな指標になると思い立ち、卒業生の皆さんに、"実光塾"松城メソッドで学んだことや今の活動状況など送ってくださいとＳＮＳで呼びかけたら、なんと 150 名近い卒業生からたくさんの声が届きました。

　ごめんなさい。全ての皆さんのコメントを掲載する事はできませんが、全ての皆さんのお気持ちに心から感謝いたします。

　皆さんの実体験談は、"話すプロ"を目指す皆さんの指針になることでしょう。

　貴重な体験談の中から何名かのコメントを紹介します。
まず

　初めての教え子となった、
"倉ちゃん（名前は愛称にします）"

「40 数年前、常識知らず、自分勝手な 19 歳の小娘が松城先生と

Chapter [8] 何を学んだか、卒業生の声

出会いました。出会った場所は、クラレ白鷺と言う結婚式場。結婚披露宴の新米司会者で怖いもの知らずの時。

先生の仕事ぶりを拝見するまでの私はMCの仕事に何の誠実さもなく、勢いだけでこなしていました。

大切な教え子くらちゃんの結婚式の司会も。イケメンパートナーとは、CM共演もしました。

何よりも先生はゲストの話をしっかりと聞き取り受け止めて、暖かく素敵なコメントを必ず一言言ってから次の流れへとつなぎます。

びっくりしたのは、会場の景色がその一言で一変することです。

とても感動しました。

それ以来、私もMCの仕事を真剣に頑張ろうと思いました。

話し方のスキルもたくさん教えていただきましたが、特に2点、胸に刻まれた言葉があります。

"目的の明確化"
"点々を線にしていく人間関係"

どんな人生にも生かされる素晴らしい教えを胸に今も歩んでいます。

先生と私のこれからも、ずっと太い線でつながっています」

彼女の披露宴の司会もさせてもらいました。

彼女は非常に経済に長けていて、今は素晴らしい飲食店をイケメ

ンパートナーと数店舗営んでいます。

彼女から経済を学ぶべきだったと悔やんでいる私です。

続いては
"ひとみさん"

自由奔放という言葉が、彼女にはぴったりです。

モデル、タレント、レースクイーンなど華やかな現場で数々活躍してくれました。

しかし、ナレーターモデルという原稿を覚えなくてはならない大変な業務も、しっかりと努めてくれました。

やり切るパワー恐るべし!! シングルマザービューティアワード オーガナイザー 小坂仁水。

インスタにもたくさんアップしているので、名前を出しても大丈夫だと思いますが、皆さん、「小坂仁水　シングルマザービューティーアワードオーガナイザー」でググってみてください。

54歳の見事な水着姿がたくさんアップされています（笑）。

"シングルマザービューティーアワード"は今年で第4回を迎える素晴らしいコンテストです。

単に美を競うだけでなく、1人で子供を育てながら、たくましく美しく生きていく女性としての生き方を競うものです。

Instagram　@ hitomihugmelove

「私は先生から見るとあまり真面目な生徒じゃなかったと思います。

でも、先生からは本当に大切なことを学ばせてもらいました。
それは"株式会社マリン・ザ・ボイス"の理念にもなっている

"自己を信じて、やり遂げる力"
"明日を信じて、今日を生きる力"

です。公私に渡りずいぶん辛い時期もありました。いつもこの言葉が私を励ましてくれました」

彼女のこれからがますます面白くなりそうです。

そして
"ももちゃん"

彼女とは本当に永く一緒に活動を続けて、今も大活躍中です。
だから公私に渡り、語り尽くせない想い出やエピソードがあります。

何でもやれちゃう花野ももです。

「初めて事務所に伺ったのは、阪神淡路大震災の年のある日、入室するやいなや『ブライダルのMCコメント喋ってみて』と言われ、緊張maxで喋ったら『あかんな』と即評価。何故かその後、師匠とうどんを食べに行くことに(ずいぶんあとから、師匠は見込み有りと判定したら、うどんを食べに行くとマネージャーから聞きまし

た)。

　その後レッスンの見学に行き、ここで学びたいと即断！

　あれから30年が経ちました。

　話し方のスキルはもちろん、表現者として、大事な要素を学びました。

　どう伝えるか？

　どうやったら伝わるか？

　きれいに喋るだけでは伝わらない。

　独りよがりの喋りはいらん。

　師匠は惜しむことなく、あの手この手で、一人ひとりに合わせわかるまで指導してくれました。

　漠然としゃべる仕事がしたいと遅ればせながら飛び込んだ世界。いろんなチャンスを与えてくれました。

　展示会のナレーター、ラジオ、テレビ、リポーター、ニュースキャスター、ショッピング番組のモデレーター

　司会に至っては式典、イベント、ブライダル、セレモニー、などなど。

　よそのウグイスとは、一味も二味も違う選挙戦の戦い方も学びました。

《どんな仕事も品をなくしたらあかん。あんたは品がある》

　その言葉を大きな支えにして、今までたくさんの仕事をさせていただくことができました。

　本当にありがとうございます。これからもよろしくお願いします」

　"花野桃"

Chapter [8] 何を学んだか、卒業生の声

「そんなキャバ嬢みたいな名前はやめとけ」とアナウンサー界の重鎮、大変お世話になった故水本貴士さんに言われたのを思い出します。

水本先生と松城

水本先生、大丈夫ですよ。

どんなジャンルの仕事をしても1度もクレームを受けたことはありません。彼女の品の良さは絶品なんです。

そしてなんと世界でも名だたる超一流ホテルから"最優秀司会者賞"をいただいたんですよ。

ニュースもバッチリ花野ももです。花野桃と中村孝明さん（料理の鉄人）。ラジオ番組を長くご一緒しました。

"あだっちゃん"

今も思い出す彼女の言葉
「航空会社の国際線ＣＡをしていても飛行機を降りたらただのおばさんです」
　それはそれで素晴らしいキャリアで身に付けたスキルもたくさんあることでしょう。
　それでも大胆にそう言ってのける彼女が非常に面白かったのを覚えています。

81

「松城先生から学んだ話し方のスキルは数知れず、特に松城メソッドの"切りきらず"と文末の"上げて止める"は話術の真髄で、徹底的に叩き込んでいただきました。それにも増して強く教えていただいたことは話す仕事をするという表現者の在り方です。誰のために、何のために、何を、どう魅せるか！

英語MCもできるあだっちゃんです。

また私の英語力を生かしていただき、国際マラソンの通訳や展示会、披露宴等のバイリンガルMCも、たくさんさせていただきました。今私がメインで行っておりますコーチングや、各研修の仕事も先生のアシスタントとしてオブザーブさせていただき、その基を築かせていただきました。先生のコーチングで受講生がみるみる成長していく姿を見て

"人は限りなく変われる"

そう確信しました。私の結婚披露宴の主賓のスピーチをしていただいたことは、私の生涯の宝物です」

https://plaisir-voice.com/

"あすかちゃん"

大阪本社から東京支社へ移動したあすかちゃん
彼女は、モデル、MC、ナレーターモデル、テレビ、ラジオなど

Chapter [8] 何を学んだか、卒業生の声

数々の場面で今も活躍しています。

なにより、彼女の素晴らしさは人への想いに溢れているところです。

東京での彼女の披露宴に招かれた時も、私を主賓としてスピーチの依頼もしてくれたり、ラジオのゲストに呼んでくれたり。

やはり話す仕事をして、50年

いつもパーフェクトな美と技のあすかちゃん。

特に教え子たちの結婚披露宴で祝辞を述べるのは、私の楽しみの1つです。

今は可愛いベイビーサユキちゃんも誕生

幸せいっぱいの彼女から嬉しいメッセージが届きました。

「私が松城社長率いる、"マリン・ザ・ボイス"に入ったのは21歳の頃でした。

ボイスとつく名前からもわかるように、まさしく声のプロ集団でした。

当時の私は、社会のことも、礼儀1つも知らず、レッスン費の捻出もままならない状況でした。

社長はそんな私に親身に対応してくださり、生活費が稼げるようにいろんな仕事を与えながら育ててくださいました。レッスンはといいますと非常に厳しく、本当に厳しく怖い、きついと思いながらも、必死にしがみついていきました。今思えば、ものになるかどうかもわからないレッスン生に、あれだけのパワーで真剣に向き合っ

83

てくれた人はどんなに探してもいません。唯一無二の人です。

　打っても打っても響かない私たちを信じ、営業活動をして現場に出してくださいました。

　もっとあの時に社長の努力に応えるべきでしたが、歳を重ねてこそわかるのが人の常です。

　人は限りなく変われる。社長がその信念を持って育ててくださったおかげで、今の私がいます。

　一生、感謝です。東京まで披露宴に駆けつけてくださり、娘が誕生して、初めての帰阪時にも、マネージャーと会いに来てくださいました。

　誰よりも、パワフルで人情熱い、大阪のお母さんです」

"熱海ちゃん"

　彼女は非常にユニークな女子大生として私の前に現れました。

　体験レッスンに来た彼女はしばらくの間何も連絡がなく、ある日卒業間近、「もう就職する会社の内定が決まっています。でも、"マリン・ザ・ボイス"のレッスンは受けたいです。レッスンだけでもいいですか？」

　珍しい不思議な質問でした。今でも時々不思議ちゃんですが結局、内定を断り弊社の所属MCとして5年間活動。

　そしてある日、しばらくアメ

いつもかわいいペコちゃん
あたみキャスター。

Chapter [8] 何を学んだか、卒業生の声

リカで勉強をしたいので、少し契約期間よりは早いのですが、行かせてくださいと申し入れがありました。

　数年アメリカで勉強をしたり、仕事をしたりして日本に帰国。

　しばらくは、日本の一般企業に就職し、少しずつ弊社の仕事も復活、現在もニュースキャスターやイベント司会などを担当しています。

　「片道１時間のレッスンは全く苦痛ではありませんでした。

　たくさんの学びを松城先生からいただきました。話すスキルはもちろんですが、たくさんの人々の積み重ねがあって今の自分があること、感謝を忘れない。

　オンとオフの切り替えが大事であること。いろんな研修にアシスタントとして同行させていただき、自分は表に立つより、他の人が育つことの方が楽しいことに気づかされました。

　スミスクラブはそういうたくさんの機会をいただいたことから、設立に至っています。ありがとうございます」

　https://www.smith-club.com

　"あんちゃん"

　あんちゃんが弊社に来たのはまだ10代だったと思います。

　キャンペーンガールやコンパニオンの仕事を中心に活動していました。

　非常に素直で、誰からも可愛がられる愛らしい女の子。

でも、残念なことに（事務所にとっては）早く結婚、出産をして、しばらくは遠のいていました。
　彼女の結婚式に出席し祝辞を述べたのが昨日のようです。
　本当に久しぶりに訪ねてきた彼女は"話す仕事"をしていました。
　私と縁のある人は、みんなしゃべる仕事をするようになるのでしょうか？
　久しぶりに会った彼女は昔と変わらぬ愛らしさとスタイリッシュな大人の面も持ち合わせているようになっていました。

イベント司会にウエディング司会にひっぱりだこのあんちゃん。

「久しぶりにお会いしても、まったく変わらない　あたたかさ　で、熱心に指導をしてくださりありがとうございます。
　おかげさまでウエディング司会も、イベント司会も　ステップアップできました。
　これからも、よろしくお願いします」

　先日の再会ランチパーティーにも参加。実光塾の東岸和田校のチラシ配布をお願いしたら、その日のうちにいろんなお店に配置してくれていました。結婚も早かったけど、仕事も早いあんちゃんです。イベント、ブライダルの司会はあんちゃんにお任せください。

Chapter [8] 何を学んだか、卒業生の声

"めぐちゃん"

　彼女もマリンで活動してしばらくは家庭の都合でお休みしていました。

　そしてずいぶん時が経ったある日、またMCのレッスンを受けたいと尋ねてきました。
　こういう方が年々増えてきています。
　それからの彼女は猛スピード、ドンドンといろんなものにチャレンジをしました。
　いや　チャレンジをさせたと言うべきでしょうか。
　彼女はボートレースが昔から大好きで、いつかその実況してみたいなーとつぶやいた言葉を私は聞き逃しませんでした。やりたいならやればいいじゃん。
　次来るときに実際に実況されている女性の方のYouTubeをリライトしてきてとすぐにホームワークを差しあげました。

シングルマザービューティーアワード。

シングルマザービューティーアワード第3回グランプリ受賞。
イケメン息子ちゃんと一緒に。
原川めぐみ

また、ある日、小坂ひとみのシングルマザービューティーアワードにチャレンジしてみたらという話が湧いて、やればいいじゃんと背中を押しました。

なんと彼女は"第2回シングルマザービューティーアワード"で日本グランプリを取りました。

そして、今年6月"琵琶湖ボートレース"の実況アナウンサーとしてデビューしました。

"人は限りなく変われる"

私の信念をより強くしてくれためぐちゃんです。

「人は限りなく変われる。松城社長から教わったこの言葉が私の大切な座右の銘になりました。

"マリン・ザ・ボイス"に入った時は、全くの素人です。

そこからいろんな活動をさせていただき、今は司会やマナー講師までさせていただいています。

松城社長との出会いがなければ今の私はありません。

久しぶりに訪ねた私を快く受け入れてくださり、私が想定していた以上の大きな夢を叶えさせてくださいました。

感謝しかありません。本当にありがとうございます。これからもよろしくお願いします」

"ひさかちゃん"

ビックリが続きます。

ひさかちゃんが20年ぶりに訪ねてくれました。

Chapter [8] 何を学んだか、卒業生の声

　彼女も結婚出産で遠のいていたのですが、最近マナー講師を依頼されたようで（話す仕事をしていると人前で話し慣れているからとよく頼まれたりします）何だか深刻に悩んでいました。

「私は1996年ブライダル司会者を目指し、"マリン・ザ・ボイス"の門を叩きました。当時、クラレ白鷺と言う結婚式場で、松城先生が演出、司会、ピアノ演奏などなどすべてプロデュースなさっていらっしゃいました。

『ブライダル司会者になりたいです』と言う私に、『自分の人生に自分で小さなフレームをつけてはいけません。人は限りなく変われるのです』と、言って、イベントのMC、テレビのリポーター、展示会のナレーターモデルなどいろんな活動をさせていただきました。

　結婚、出産で長くお会いしてなかったのですが、ある日、マナー講師の依頼が来て、やってはみたものの、大きな壁にぶち当たりました。

　マナースキルもきちんと学びたいと思った時、やっぱり松城先生に学びたい。松城先生しかいない。そう思ってネットで検索をし、たどり着くことができました。久しぶりすぎて、ワクワクドキドキしながら、レッスンルームに入りました。

　今マナーを教えることに、全く自信が持てないと言うと
『勘違いの心のブロックを外しなさい。長く司会をして子育てをして一生懸命生きてきたあなたに、マナー講師ができないはずはない。何事も問題を解決するのはブレーンです。あなたはできないと思い込んでいるだけです。できます。』とのご指導に涙が溢れて止まりませんでした。

　人の心の琴線に触れる、ドストライクな先生の言葉に松城先生は

89

やっぱり本物だ。勇気を出してやってきて本当によかった。心から
そう思えました。

　私も先生のように、一人ひとりの本質を見抜き、誰かの人生を豊
かにできる人間になりたいです。

　これからもご指導よろしくお願いします」

"あいさきちゃん"

　彼女は非常にアクティブな行動派です。
　この春、熱海ちゃんの結婚披露宴で10数年ぶりの再会をしました。

「本当に久しぶりの再会に感動しました。『他のメンバーにも会い
たいわ』とのこと。
　早速懐かしい数名を集めて、先生のマンションの38階のスカイ
ラウンジをお借りして、ランチパーティーを開きました。
　それぞれ、道は別れても、マリンのメンバーはみんなつながって
います。
　ナレーターモデル、テレビのリポーター、イベント、ブライダル
の司会といろんな仕事をさせていただきました。
　その中でも、テレビのレギュラーで魔女というキャラクターをさ
せていただいたことは、他のメンバーとは違う個性を確立できまし
た。
　現在は結婚、出産、４人の子供の母です。
　子育てに追われながらも、自分の世界を追求し、脳疲労改善のサ
ロンを開いています。現代社会のストレスの渦の中で戦う皆様の健

Chapter [8] 何を学んだか、卒業生の声

康を守りたい。そう心から願っています」

登場させます！
一番の不思議ちゃん！

"よしみん"
彼女こそ天才かもしれない?!

おそらく誰よりも永くレッスンを受けています。

今もレッスンを受けています。アイドルグループ、とんぼりエンジェルの一員として、お笑い担当をしていた彼女。スタイルも良く、美人で勉学もできて、ただ少し地球人とはコミュニケーションが取りづらいようです。

初めて、レッスンを受けに来た時、担当した講師は、「彼女は異星人ですね。非常に交信がしづらいです」と言っていました。

確かに現場に出すと、必ずクレームが来ました。どうも現代日本では彼女は理解されにくいようです。

だからこそ変えてみたいという講師魂が燃え上がりました。

いつもハッピー "よしみん"。

実は美人でスタイリッシュ
"よしみん" です。

彼女の何が今の日本社会に合わないのか、そこを探ることから始めました。

　彼女は表現をすることはとても好きなのだけれど、対個人として接することに興味がないことがわかりました。

　だけど、人に対して何か表現をしたいのなら、人の気持ちをわかろうとしなければ、本当の表現はできないよと伝え、日々の挨拶、言葉遣い、その他人と関わる諸々の必要事項を台本にして指導しました。

　台本になると俄然やる気になる彼女です。今でも自分で作文をしません。私が作り上げた台本は難なくこなします。彼女の脳の中の神経伝達物質が私たちとどう違うのか　頭をかち割って、時々入り込みたくなります。

　今は私も取り組んでいる"やさしい日本語"の研究を続けています。それはかなり彼女の興味を引くようで、ずっと続けてやっています。TikTok にも紹介しています。

　最近よしみんからびっくり報告がありました!!　知らぬ間に webデザイナーなるものになっていました。ヤルネよしみん！

　いつまで、彼女とのレッスンが続くのか、神のみぞ知るところであります。私はそんな彼女が大好きです。

　できれば、私が生きてる限り、レッスンをしたいものです。

　そして

"那波ちゃん"

　海遊館でガイドの仕事をしていた彼女が知人の紹介でレッスンに

Chapter [8] 何を学んだか、卒業生の声

やってきました。

「ブライダル司会をと、"マリン・ザ・ボイス"松城先生をたずねました。

自分のフレームは自分で小さくしないで、いろんなことを、と先生はたくさんのチャンスを与えてくれました。

今はニュースキャスターもさせていただいてます」

美形ナンバーワンなわちゃん。

おそらくレッスンの期間は最短の彼女ですが、今もニュースキャスターとして頑張っています。おそらくそれはテレビ局のプロデューサーさんが熱心に育ててくださった賜物です。2年くらい収録の上でニュースを担当させてくださいました。そんな彼女も今ではいろんなイベントやブライダルの司会をするまでに成長しました。今は一人息子のリチュトくんが可愛くて、可愛くてたまらないようです。

　そして素敵なダンサー
　"田方詩織ちゃん"

詩織という名前、好きです。もちろん彼女も大好き。

芯がしっかりあるダンサーさんで、パートナーのご主人もダンサー。

コカ・コーラのCMに出演するほどの実力。

彼女は一番に勘が良くて、なんでもどんどん吸収していきました。

ダンサーなので、話し方はそんなに勉強の必要性がないかなと思う私に、こんなメッセージを送ってくれました。

「"マリン・ザ・ボイス"に通っていた頃は関西に住んでいて、標準語を使う機会は少なかったのですが、上京してからの仕事で大変役立っています。ナチュラルな発音で東京の方だと思っていたとよく言われ、身につく指導をしていただけたことに日々感謝の気持ちでいっぱいです！　松城先生、ありがとうございました」

わずか半日の選挙街宣活動レッスンで、あんなにパーフェクトにやってのけたダンサーの詩織ちゃん。

これからがますます楽しみです。

最近の生徒さん

"原ちゃん"

お世話になっているプロデューサーさんの紹介でレッスンにやってきた原ちゃん、既にたくさんのイベント司会は自己流でやってきたのだけれど、いろんなことにチャレンジするのが好きな彼女、今ではドローンの飛行操作のコーチングもしています。

今ここに来て、やはりMCの仕事がし

原ちゃん、この明るさが人を惹きつける。

Chapter [8] 何を学んだか、卒業生の声

たいと決意をした彼女です。その持ち前の明るさと素直さで、多くの人の応援を受けています。基礎からしていないので気になるところはかなりあるのですが、天性の人を惹きつける魅力が仕事を引き寄せるようです。

仕事があっても、きちんとしたプロになりたい！　そんな彼女の心意気が好きで、レッスンに熱が入ります。

他にもたくさんのMCの方々からコメントをいただきましたが、掲載できずごめんなさい。

また、東京支社で芸能界をメインにやっていた時活躍してくれたモデルの"いおりん""駒井ちゃん"。2人は、関西、関東共に大人気で、今もその美しさはより磨きがかかっています。

特に駒井ちゃんとは今も撮影会に同行したり、少し前までは、私のマンションのパーティールームでまちちゃん手作りメニューのファンミーティングを何回も開催したのが楽しい想い出です。

いつも来て下さった、Uちゃん、Sさん、ありがとうございます。またニューアイドル発掘の折はよろしくお願いします（まだやるんかい〜笑）。

また"ワイン王子Nさん"、毎年毎年10月になると高級ワインを持って訪ねてくださいました（家族全員10月生まれの我が家）。

いつも可愛いまちちゃんと
やさしいNカメラマン

95

弊社撮影スタジオオープン時は、撮影用の道具やカウチソファーなど、スタジオセットをプレゼントしてくださいました。

本当にお世話になり、ありがとうございました。

みなさんとのご縁が私の支えとなり、たくさんのタレントたちを育てることができました。

ファンの方への感謝を忘れず、みんな、これからも歩んで欲しいです。

そして

カメラマン、MC、モデル、幅広い才能の持ち主、"山井ちゃん"からもメッセージが届きました。

「松城社長の講演会で青森出張した時、たくさんお話しする時間を持てたことが一番の想い出になりました。

その時社長は『あなたは、抜群に絵が上手いから、絵本作家もいけるよね。いつか絵とストーリーのコラボしたいね』とおっしゃってくださいました。おかげさまで"叉乃えみ"という似顔絵師としても活動しています。

又、子供たちのことも幼い頃から気にかけてくださり、ある時は主人と共にＴＶ番組で有名だった、"料理の鉄人　中村孝明さん"の店にも招いてくださいました。本当にありがとうございます」

そして、何より力を入れて育てた"松川領佑"。

大学卒業後弊社に所属　男子タレントです。

ビジュアルも性格も良く、小さい頃から野球一筋、岡山理大附属

Chapter [8] 何を学んだか、卒業生の声

高校ではキャプテンをして、甲子園にも行きました。今年、現地点
では地方大会準決勝まで進んでいるらしいです。

　優秀で、オーディションはほとんどラストまで残ります。
　映画 rookies も厳しいオーディションを勝ち抜き、新人でいきな
り　セリフあり、エンドロールにネームアップのデビュー。たくさ
んの舞台も出演、特に脚本久松真一／演出宇治川まさなり「贋作・
水滸伝」の彼はキマっていました。
　ライブ、ＣＭ出演もたくさんさせました（本人はしてやったと
思ってるかも：笑)。

　歌手としても『今、ここから』でデビュー、カラオケＤＡＭ配信
は今もされています。
　ぜひ皆さんカラオケに行かれたら『今ここから』を１曲歌って
ください。私の作詞曲で印税が入ります。ただいま印税は385円
です。哀れな作詞家救済をお願いします。
　今も変わらずイケメンの彼は人気沸騰中のパーソナルジムオー
ナーとして活躍しています。

　https://yurockone.wixsite.com/-site

　なんとマネージャー諸君からも、応援メッセージをいただいてい
ます。
　たくさんのマネージャーがいましたが、

内側をしっかり守ってくれ
た
"かんちゃん"
　完璧な仕事ぶりでした。

　多才で今は流通会社を経営
するご主人と可愛いお嬢さん
２人の良きお母さん

マネージャー"影の軍団"２人がいればこそ！

　お姉ちゃんの"ゆのちゃん"とは、
昨年CMで共演できて嬉しかったです。
　制作会社代表が、元"マリン・ザ・
ボイス"所属の"くるみちゃん"。ぜ
ひ社長にと声を掛けてくれました。
　現場に行くと、別の親子さんもキャ
スティングされていて、何とこちらも
元マリン所属タレントのママでした。
　現場は大盛り上がり。また、かん
ちゃんはネイリストとしても一流なん
です。

ゆのちゃん可愛い！CM共演の合間に。

　外側を攻めてくれた
"ミタカちゃん"
　時には現場のディレクターを任され、リピートが来ます。
　なによりスノーボード大好き、アウトドア派の彼女、仕事になる
と私のアバウトさを暴く鬼と化します。

Chapter [8] 何を学んだか、卒業生の声

　彼女がいたから、"株式会社マリン・ザ・ボイス"有りきで、改名後の"アクティブオール株式会社"代表とおなりいただきました（今も怖い！）。

　経理担当
"ともみん"
　は、殺気立つ業界で１人黙々とパソコンに向かい、事務作業をクリアしてくれました。

　などなど、どうもうちは、女性陣が要でした。

　だけど、女の子に人気があったのは
"中川くん"

　東京撤退でやむなく退職となった彼は今も私の誕生日には素敵なプレゼントを送ってきてくれます。

タレントちゃんにはモテモテマネージャー中川君です。

　昨年は久しぶりに三鷹マネージャーも一緒に呑むことができました。

　人と人、繋がる心に乾杯！

99

Chapter [9]　ボランティア活動とは？

　私達は"ボイスハート"というボランティアグループをつくり、20年近く、介護施設や難病の子どもたちの病院などを訪問してきました。

　そもそも、ボランティアとは何か
　あまり深く考えることもなく
　何か誰かの役に立ってるのだろうくらいの気持ちだったのですが、
　活動を始めて、1年ぐらい経った頃
　この活動は自分たちのためにやってるのではないか、
　ひょっとしたら訪問される側は迷惑ではないのかなんてことを考え始めました。
　そんなことでは活動の意味がない。
　訪問先の人に必ず何かしら喜んでいただけること。
　それが必須だと考えました。
　ググってみますと、ボランティアとはラテン語「Volo（ウォロ）」が起源で、「Will」の語源だそうです。
　やりたいという意思が自分の中にあり、その思いに基づいて未来のために行動することだそうです。
　無償でやる、公益性があるなどは、後から付け加えられたことのようです。
　その本来の意味を知って、活動することがとても楽しくなりました。

Chapter [9] ボランティア活動とは？

　事務所近くの介護施設には、毎週木曜日に、今は亡き相棒と事務所所属のアイドルやMCたちと伺って歌ったり、踊ったり、朗読したり。

　私たちも楽しく、そして利用者の皆さん方も喜んでくださって、10数年続けることができました。

　特に浜田省吾さんを敬愛し、10年前に亡くなった亡き相棒は誰よりも熱心で、ギターを抱えてマイクスタンドを持ってみんなを引っ張って出かけました。

　その相棒が亡くなって、お別れ会の時はいつも伺っていた介護施設の代表の方がお花を持って訪ねてくださいました。

いつもクールで熱いミュージシャン
黒田慎一さん。

毎週木曜日、10年介護施設を訪問。

　また、ある時はあの新宿にある東京都庁のどでかいビルのイベントスペースで、観光に来た海外の方も巻き込んで、ビッグイベントを仕掛けました。

自分の好きな言葉や絵を描いていただき、それを朗読もしていただきました。
　あらかじめ告知して募集をかけていたこともあり、エントリーして駆けつけてくださった方もいらっしゃいました。
　私たちは親戚も家族も巻き込んでみんなで東京都庁に集合しました。
　今は社会人になった孫たちも楽しそうに書いていました。
　来日された海外の方も大変喜んでくださいました。

東京都庁45回イベントホールで"ボイスハート"活動。

たくさん子供たちも参加してくれました。

東京都庁イベント。世界各国の方々も参加して下さいました。

　また全くの無償では無いのですが、ボランティア的な活動として高齢者の方をメインに生駒市で7年、泉佐野市で7年生涯学習グ

Chapter [9] ボランティア活動とは？

ループ"人前での話し方"を指導しました。

この生涯学習グループの方々は、当時の私よりずいぶん先輩で、皆さん、仕事をリタイヤして余暇を有効に使いたい方々でした。

生駒市、泉佐野市で7年以上生涯学習グループの、話し方講師をつとめました。ハーブボイスの方々と！

"人前での話し方"がテーマなので

私が「前に出てきてご挨拶してみてください」と言っても誰も前にこようとしません。

内心「何のために来てるんや？　人前での話し方習いに来たん違うの？」と、何度も胸の中でつぶやきました。

しか〜し

私は、ここでとても大きな発見と驚愕の学びをいただきました!!
初めは、たった1枚の原稿も前に出てきて読むことができない。
出てきても、手や足がガタガタ震えて止まらない。
なんとそんな方々が
1年経つと・・・大きな舞台で堂々とご自分のパフォーマンスを披露なさいます。

103

あるお方なんぞは「先生、私らプロになれるん違います？」とまでおっしゃいました。
《　人は、限りなく変われるのだ　》
　改めて強く認識しました。

　実際に一部の方は、ご当地のイベントや選挙戦などで活躍なさっています。
　私たちのビジネスは上がったりですが、うれしそうに報告してくれる人生の先輩方を拝見していて、とても幸せな気分になれました。
　ボランティアってこういうことかなぁと思えた時です。

　特に生駒での活動では、生駒の生駒さんというお方がいらっしゃって、落語家さんとしての活動もなさっていて、朗読劇のため、台本の作成にご尽力くださいました。今もFacebookでは交信中です。

　これからも時間と体力が許す限り、ボランティア活動を続けていきたいと思っています。

生駒の大ホールイベントも大成功。
泉佐野市の方々"サザンボイス"も共演。

相棒とたくさんのステージをつとめました。

Chapter [10] はじめに言葉ありき

　私はクリスチャンではありませんが新約聖書に"始めに言葉ありき"と書かれているようです。
　本来の意味は私には定かではありませんが、言葉はとても大切なものです。神さまもそう伝えたかったのではないでしょうか。
　今から13年前、私が60歳の時、ちょうど"株式会社マリン・ザ・ボイス"が30周年を迎えました。

　そこで会社の30周年と私の還暦を祝って、京橋ベロニカさんで記念祝賀会を開いてくれることになりました。
　この本の出版記念パーティーも今年11月16日土曜日、ベロニカさんにてやってくださるようです。

　30周年の時に記念にと、小冊子をつくりました。
　その時のタイトルは"話術は魔術"。
　その冊子の初めにこんなことを書きました。

「言葉を大切に」

　言葉を大切にする事は

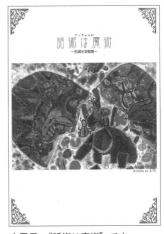

小冊子。"話術は魔術"です。

自分を大切に　人との絆を大切にすること。
目の前の人の　“心の声”を聞いて
誠実に受け入れたなら　愛と真実の海深く
“あなたの言葉”を　探しましょう。

　言葉の持つ力の大きさを、私たちはもっと真剣に捉えるべきでは
ないでしょうか。
　はじめにも書かせていただきましたが、言葉は“毒”にも“薬”
にもなります。
　扱い方を間違えると大変なことになります。その扱い方とは、
“話し方”とも言えます。
　夢を語る人に、“お前には無理だ”とまでは言わずとも「それっ
て厳しいんじゃない」とか、
「もっと楽な道を選んだら」とか言いたがる人種には要注意です。
　そういう人は後ろしか見てないから。いつも“かかっていかな
い”人です。

　本当に自分がやりたいことを相談する時は、いつも前を向いて
チャレンジを続けている人を選びましょう。

　慣れてない人が人前で話す時や、プロとしてデビューする人に
私は「かかっていきなさい」とよく言います。

　はじめは誰でも不安。パニクったり、あたまが真っ白になったり。
だからこそ、意識は“どうしよう”ではなく

Chapter [10] はじめに言葉ありき

「お前たちには負けないぞ。かかっていくぞ！」くらいの精神バランスをとってください。

　経験を重ねていくと、だんだんと余裕と自信が出て、自然とにこやかな笑顔と優しい話し方になります。

"人は限り無く変われる"のです。

　そして普段から自分を励ましてくれる言葉を書いて、いつも見えるところに貼っておきましょう。
　書道家になった気分で下手くそでも楽しみながら書きましょう。
　私の好きな言葉をご紹介します。

"自分自身を過小評価してはいけません。あなたの存在を充分認め、愛してあげましょう"

"思い込みが、人生の悩みを大きくするものです。相手との対話を十分に徹底的にすることです"

"あなたの感覚を尊重しましょう。常識や理屈の判断で自由と個性を殺してはいけません"

"人と比べて、自分の価値を判断してはいけません。あなたはあなたでいることが大切なのです"

"今はいつも新しく、いつも確かな現実です。今を幸せにするのも不幸にするのもあなたの心１つです"

"心の波長を整えましょう。不安には不安。安心には安心が引き寄せられてきますから"

"元気な声、元気な言葉で話しましょう。元気は出るものではなく、元気は出すものなのです"

あなたも、ご自分の好きな言葉を見つけたり、浮かんできたら紙に書いて見える化を図ってください。

スマホの中では、常に自分を励まし、奮い立たせることができません。

私が結婚披露宴の司会を始めて数年、27才くらいのころ　一人のご高齢の男性が司会台に駆け寄ってきました。
何事かと思ったら　お食事の際の"箸袋"を私に持ってきて何も言わずに立ち去られました。
その"箸袋"を見てみると

「今日の司会者は真に上手い。彼女はどこに出しても立派である。私は、貴女の技能に敬服します。ありがとう。　　　74才」

と書かれてありました。
20代のまだまだ未熟で不安だらけの時です。
以来、その"箸袋"は私のお守りになっています。
みなさんも

Chapter [10] はじめに言葉ありき

安らぐ言葉
元気になる言葉
やる気になる言葉
いつも、目に飛び込んで来るようにしておくことをオススメします。

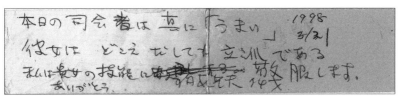

この箸袋に記されたメッセージに、司会者としての生涯の多くを支えてもらいました。
一人の老人のやさしいメッセージに若い頃から力をいただけたことに感謝です。

109

Chapter [11] Work Experience

（この章ではたくさんの社名、個人名が登場します。昨今 SNS の炎上もあり一部アルファベットで表記しています。違和感を感じる方もおられるかと思いますがご了承下さい。私がこの 11 章でお伝えしたいのは「点々は線になって、人も仕事も繋がって行く」ということです。）

73歳　松城光実、現役司会者

話すことを仕事にしてたくさんのご縁をいただけたこと、
たくさんの"話すプロ"が育ってくれたことがなによりの喜びです。
たくさん、ご支援くださいました。
クライアント様やお世話になった方々がいたから、今日を迎えることができました。
お一人お一人にお会いしてお礼を申し上げたいところではありますが、後の楽しみにさせていただきます。

"人は限りなく変われる"

岸和田のだんじり娘（高校生）が"話す仕事"をしたいと思って、何とかその道を外すことなくやってこられました。
大事にしたことは何か。
この仕事を続けるための"訓練"を止めなかったこと。

Chapter [11] Work Experience

　この仕事を続ける機会を与えてくださった方々への感謝を忘れなかったこと。

"話す仕事"の最初の一歩から、どんな方とどんな風に出会いお仕事をさせていただいてきたか振り返ってみます。私の誇りであり、勝手な自慢でもありますが読者の皆様には、だんじり娘50年のアナウンサー人生。こんな仕事をして、そしてそのご縁はどう繋がれていったか（ここ大事、営業ポイント!!）たくさんのヒントがあります。

　まずプロのアナウンサーの第一歩を踏んだのは、アナウンス専門スクールから日本短波放送ＮＳＢ通信社に入局。北浜の証券取引所の放送スタジオに配属されました。

　依って、後に展示会場インテックス大阪で再会する仙人こと髙木アナウンサーには徹底的に、数字アクセントを叩き込まれました。

　時は高度経済成長真っ只中。

　株式市場はてんやわんや。アナログ掲示板（ひろ～い取引場の、かな～り高いステージが10台広がっているイメージ）の株価書き換えスタッフは一般銘柄1ポストに1人が10ポストあります。

　首を右から左に、フルにふらないと見渡せません。真ん中の特定銘柄札には、2人はりついて、各銘柄の株価変動に対応していました。

　値段が変わるたびに1銘柄1枚ずつの札を手で書き換えるのです。

　今のデジタル時代には想像もつかない光景がそこにはありました。

　その頃は各社証券マンは専用の符牒（ふちょう）を指で示して取引します。

111

広い証券取引所内は何百といる証券マンで凄まじい熱気に溢れていました。

　その取引所10ポスト掲示板の対面、はるか遠くのガラス張り放送ブースも値動きと共に、値紙なるものを持ってスタッフが右往左往しアナウンサーに知らせます（もちろん、その時にはアナウンサーもキャッチしています。私は極度の近視でメガネの上から、双眼鏡を重ね、まるでバードウオッチングのように視ていました）。

　そのスタッフのひとりが１人娘を誕生させてくれたお方で、この時はアルバイト大学生でした。

　私は局を早々に退所し、めでたく？　第１回結婚となりました。短期間ではありましたがたくさんの学びや想い出があります。

　ヘルメットに角棒を持って反戦活動デモに参加したのもこの頃です。

　２つ年上のスタイル抜群、ロングヘアの先輩アナウンサーは、夫妻で運動家でした。

　一緒にデモに参加すると、先に帰ろうというのは先輩でした。

　やり出すと、とことんやるだんじり娘はしつこく機動隊員と闘いました。

　話を戻して、業務はもちろん、株価の読み上げ、反戦活動と日本経済の最先端、何の違和感もなくやっていました。

「それでは前場の最終値をお伝えします」

　どれだけの銘柄をひと息で読み上げられるか、アナウンサー間では密かに競っていました。

「アナウンサーとして、ここで一番を取れなきゃ、他所で勝てるわけがない」いつもそんなことを考え、

Chapter [11] Work Experience

ワンブレス何銘柄かに集中アナウンスでした。

　私の新人研修をしてくださった髙木先生と再会したのは、20数年後弊社のナレーターたちがインテックス大阪でモーターショーなど、ナレーターモデルとして働いている時、

「社長、変な仙人がナレーションチェックで、わけわかんないダメ出しばかりしてきます」と、女の子たちが訴えてきたので現場に行くと

「ヤァー懐かしいな～ずいぶん太ったなぁ」

　短波放送時代の髙木アナウンサー大先生でした。

「先生、ナレーターモデルにアナウンサースキルを求めてはいけません。クライアントはそこを求めてはいないのです。きれいな女の子がそれなりに、商品の素晴らしさを伝えることが業務なんです。鼻濁音とか無声化とかはこの現場では、ほぼほぼ必須では無いのです」

　しかし、髙木先生の厳しかったあのアナウンサー訓練に心から感謝している私です。

　あの訓練が無ければ今の私はありません。

　本当にありがとうございました。

　ＮＳＢを退社、出産、１年経たぬうちに、フリーアナウンサーとして復職しました。

　以来ずっと今日まで仕事を辞めたことがありません３回のオペレーションで入院した時以外は。

　司会、ナレーション、ナレーターモデル“話す仕事”は厭わず何

113

でもさせていただきました。

　また、飲食店を初めて経営したのがこの復職時期だったように思います。

　乳飲み子を世話してくれた母に心から感謝します。

　仕事としては30代からの"株式会社マリン・ザ・ボイス"がメインですが、まだフリーアナウンサーかけ出しの時は、はじめての飲食店舗、"ヒノマル"も営んでいました。

　反戦活動家らしからぬネーミングです。

　でも日の丸は美しい国旗だと思います。

「だから～そうじゃなくて～その国旗をシンボルとして、Japanという国がどんなことをしてきたかやろ」

　先輩の声が聞こえます。

　飲食の1号店"ヒノマル（あげたて天ぷらとうどんのカウンター1本の店だから、時代と若さで、いつも満席）"をしながらアナウンサー、ブライダル司会者、ナレーターモデルなど"話す仕事"をしていました。

　怖いモノ知らずの20代。お店に来てくださったお客様に言いたい放題、し放題、心からお詫び申し上げます。

「明日な、朝イチで和歌山放送やねん。閉店するわ。

　終電に間に合わんからそこのビールケース、中へ入れてくれる？」

　優しいお客様ばかりで、私はとっても楽しい5年間を過ごさせていただきました（今この年齢なら、石投げられる）。

　この店舗を皮切りに飲食店はエンタメ系ばかり。

　大阪福島でパフォーマンスカフェ"ブルーファイア"

　福島駅前、本社の階下でアイドルの活動拠点カラオケカフェ"五丁目劇場"

Chapter [11] Work Experience

"ブルーファイア"。最大の営業スポットになりました。

私もよく歌いました。

東京大塚で"サンカフェ・マリン"でもニューアイドル誕生を企みました。

娘が始めた福島の子供服専門店"HONEY BEE"は高級服にも関わらず大人気店になりました。

それはママの営業センスもありますが、孫たち2人が当時珍しい子供服のファッション雑誌"マリア"のメインモデルとして活動していたことが大きかったのではないでしょうか。

子供モデル。かわいかったあい君とさーちゃんも今は社会人。

"話す仕事"の復帰後は新しいジャンルにもチャレンジ。

"ウエディング司会"教え子たちのメッセージにも度々出てくる場所、"Kラレ白鷺"のオーディションを受けに行きました。すぐOKをいただき、帰り支度をしていると担当者さんが追いかけてきて「あのーギャランティだけど…」 ギャラを下げられる?と思いきや

「あの〜１万円プラスしますから今週末からよろしく」

ギャラをクライアントさん自らアップ発言は、未だかつてありません。

私たちは団塊の世代。当時１人の司会者が１日３組の結婚披露宴は普通にありました。

華やかなブライダル業界でしたがしばらくしてあるウエディング雑誌がグチャグチャにして掻き回し、今は独占事業にしています。"Ｋラレ白鷺"では、本当にたくさんの方に言い尽くせないほどのお世話になりました。

閉館するまでの15年、演出、司会者、ピアノ奏者全てを任せていただき、宴会チーフ、配膳係のお姉さん、美容着付けの先生（特にＫ先生）とは仲良くなり、Ｍ電工イベントの"One DAY エステ"や弊社ウエディングプロデュース出張にはいつも助けていただきました。

ブライダルフェアでは、いつも司会のご指名をいただき、新郎新婦役のモデルに、弊社タレントをたくさん使っていただきました。今は亡き元ＰＱレディーの"Ｙ口ちゃん"は新婦役でイエローのカクテルドレスがとっても似合っていました。

ドバイ航空で憧れのＣＡとなり、さぁこれからという時に病魔が襲いました。

新郎役の故"Ｔっちゃん"は和装がバッチリ決まっていました。

イエローカラーがとってもよく似合った故山口ちゃん。

Chapter [11] Work Experience

閉館時のラスト、社長には、娘や姪っ子の披露宴でご祝辞をいただいたり、閉館の知らせには、わざわざ弊社まで足をお運びくださいました。

もうお一方だけは、ご紹介させてください。

本当にスケールが大きいお方でした。総料理長のＳさんです。
関西の料理界では、知る人ぞ知る超腕の良い料理人。
ＴＶ番組で人気だった料理の鉄人をお連れしたら
「また、あのオヤジの店に行こうぜ」
アンコールが来ました。
閉館後、福島で"銀鱗"という割烹料理店をなさって、私の亡き相棒（食べるモノに関しては厳選しまくるやりにくいお方）とよく伺いました。
「福島で食べられるのはここだけ」
と言って、他店ではお酒しか呑まない人でした。
腕は超一流、御値段は私たち庶民の味方、素敵なお方です。今は引退され美しい奥様と海外旅行を楽しんでいらっしゃると思います。
このおやっさん（私はそう呼んでなついていました）、すごいのは披露宴の始まる前に、必ず料理チェックに来て司会者台にやってきます。

「わしなぁ、あんたの声きいたらいつも元気になるねん。頑張りや」

きっと、どの司会者にもそう言っていたと思います。素晴らしい

117

チームワーク作り仕事人です。

　また会いたいと思うお方です。

　ＴＶＣＭを提供していたドリンク"マサイの戦士"のキャンペーンＭＣがキッカケでたくさんのイベントＭＣをさせていただいた"Ｏ製薬"さんは、モデルとなったマサイ族の方々と一緒に、弊社経営のパフォーマンスカフェ"ブルーファイア"で打ち上げをしてくださいました。

"マサイの戦士"先日まで本物の戦士と思っていたら、娘が「あれはモデルさんやで」と言う。今はコスメも大人気ですね。

"代理店ＡＤＫ"、Ｍさんにも大変お世話になりました。

"ブルーファイア"を運営したことで、本当にたくさんの方々とご縁が繋がりました。

　ＴＶ局、政治家、歌手、落語家、さまざまな業界の方と親しくなり"話す仕事"も拡大しました。

　やはり業界的には電通、博報堂さんにたくさんお仕事をいただきました。無数にあり紹介しきれません。

　まさかの社内研修も。

　大阪新今宮の"スパワールド"のオープニング司会から毎週のイベント司会、館内での、エステサロン"ブルガリアンローズ"運営（実はエステティシャンもしました）。

"スパワールド"オープニング司会は倉ちゃんでした。

Chapter [11] Work Experience

　本社の新人研修もたくさん発注いただき、ご長男の結婚披露宴の司会までさせていただきました、関西のビッグデベロッパー、"H住建株式会社"の故I社長ありがとうございました。
　つい先日6月にも、T重役が素晴らしい会の司会のオファーを私にくださいました。永いご縁が嬉しいです。

近畿大学校友会神戸支部総会。

　世界の"F通"さんからは毎年、セミナー、講演、展示会が同時に開催されるビッグイベントの司会、かつては大阪城ホールを貸し切り、最近は大阪国際会議場。
　しかし、コロナで今はストップ中。コロ助と私は呼んでいますが本当にみんなえらいめにあいました。

　世界の"Pソニック"さんにもキャンペーンから司会までたくさんいただきありがとうございます。
　こちらの"Pソニック"さんとのご縁は、本当に人から人の繋がりが深いです。
　今は"Pソニック"さんに統合されましたが、"M電工"のKさん、Sさんとのご縁が有ればこそ、"サロンドエステジェンヌ"という、セルフエステ機器を体験いただけるサロンの運営を丸ごとお任せいただき、たくさんのスタッフを毎日入れさせていただきました。
　ここでも"話す仕事"が活かされました。

119

ここで人と仕事の繋がるタイミング裏話を!!

　弊社は派遣事業もやっていて、各家電製品の大手販売店にキャンペーンガール的説明員を入れさせていただくことが毎週末の仕事でした。

　ある時、店舗からクレームがあったと担当者の方から情報をいただきました。

　月曜日、9時10分前スタンバイでＯＢＰのビル、"Ｍ電工"さんへ。

　9時オープンザドアでお詫びに駆けつけました。

　新たに就任された部長さん

「何？」

　キョトンとされたかと思うと

「まぁ、お座りになって」

　まだ部長には情報が行ってなく明らかに呆れ顔。

　だけど、朝1番謝りに来るなんて素晴らしい、とすっかり親しくなってたくさんのお仕事をいただき、

　Ｐソニックさんまで繋いでいただいたというプロセスです。

　Ｋさんは弊社が東京支社をスタートした時も支社長とご一緒にお祝いに来てくださいました。

　2つお祝いの品をいただいたのですが、ひとつしか覚えていません。

　それは、Ｍ電工最新の体重計です。

　私、内心「どういうメッセージ？」とひねくれていたのを思い出します。

　おそらくおふたりは「身体を大切に」という想いで重いのも厭わ

Chapter [11] Work Experience

ずお持ちくださったのでしょう。
　後日支社長が、Kさんと一緒にと素敵な料亭にお招きくださったのも、忘れられない想い出になっています。

　女性一代で大きな複合機代理店を築き、大阪地下鉄ロードに綺麗なアクアリウムを設置して話題になった株式会社Dの、M会長。本当に素敵でずっとリスペクトしています。恒例社員表彰式には毎回司会をさせていただき、東京大会もお呼びくださいました。
　ご令息M社長にはたくさん社員研修もさせていただきました。

　アテネ五輪で金メダルを獲得した鈴木桂治さんの受賞祝賀会司会や、ご自身の結婚披露宴の司会などご指名くださいました、"H管財" I社長。お元気ですか？

"アテネオリンピック" 鈴木桂治さんの　　そっくりさん人形をプレゼントして鈴木さん
活躍が素晴らしかった。　　　　　　　　に金メダルをかけていただきました。

　天皇皇后両陛下の植樹祭、茶菓接待研修や水族館マリンパレスうみたまご研修を担当してくださったMさんと、研修などでご一緒したHさん（今もやさしい日本語などの活動でお世話になってます）。

新築マンションのＣＭ制作一式を弊社に任せてくださったうえに、弊社の新人歌手をＣＭソングに起用くださり、ご令息の結婚披露宴の司会までさせていただいた株式会社ＡのＩ社長

　本当にありがとうございます。

　６期24年、共に永く、選挙街宣活動をさせてくださったＯ市会議員、そしていつもタッグを組んでくださった参謀のＹさん、

　Ｏ議員と同じ党でいつも素早く市民の声をピックアップしてくれるＨ議員、Ｏ議員の後継者のＴさん、関西政界にも素晴らしい方々はたくさんいます。

　選挙街宣活動は実況放送の学びになりました。

　その方々をご紹介くださり、他にもたくさんのお仕事をご紹介くださった決して忘れることない、お父さんのような"株式会社Ｓ"の故Ｓ社長。

　初めてお会いしたのは"Ｋラレ白鷺"と言う結婚式場お仲人さんと司会者として出会い（ここ‼）、そこから数限りないたくさんのお仕事を繋いでくださいました。

"株式会社Ｓ"の故Ｓ社長。幼くして父を亡くした私にはお父さんのような方でした。たくさんのご縁を繋いで下さった大恩人です。

　１件の披露宴司会からこんなに素晴らしいご縁をいただけたことに感謝。

　だからこそ、１件１件に全力でやることが大事。

"アンパンマンミュージアム"はじめたくさんの研修、イベント司会、ご本人の結婚披露宴司会者までご起用いただいた"株式会社

Chapter [11] Work Experience

S"のY社長。

　弊社三鷹マネージャーと花野桃がチャリンコ暴走していたのを見て、今もその話題で盛り上がります。

　今はジブリをはじめ有名アニメはほとんど、イベント展示やグッズ販売など一手に展開。

　奇跡的に梅田周辺でお会いすると気軽に声をかけてください。

　チャリンコ大好き花野桃ですがあらゆる仕事は、いつもお褒めのお言葉をいただきます。が、逆に感謝しかないクライアント様がいらっしゃいます。

　何故かと申しますと彼女のご主人は、バイクレーサーで活躍していたのですが、ある日事故に遭遇、車椅子生活となり大変な時や、花野自身が2度のガンと闘病中など、なんとクライアント様QVC出演のオファーをくださり、「出演時間は私が子供さんをみているから、来てください」や、ガン闘病中は「出演ができない時は他のキャスティングをするから、予定してください」など神クライアント様です。

　もちろん、桃ちゃんの頑張りも認めてくださったからでしょうが。

　洗濯機で洗える、丈夫で、しかもオシャレな靴、クロールバリエの"株式会社Bコーポレーション"O社長ありがとうございます。

　関西テレビさんの"真夜中市場"や"ほんでなんぼ"で花野を永く使ってくださる、Kハッズさんも、闘病中、お花をくださったりレギュラーを外さず、復帰させていただき、ありがとうございました。

Ａ放送さんも"おはよう朝日"や"新婚さんいらっしゃい"ほか、たくさんお世話になりました。

　この春退職された、超敏腕プロデューサー、Ｆさんの数々のヒット番組が凄すぎて、恐れ多くて語れないです。でも、お人柄が超信頼できる素敵なお方です。この春、新たな制作会社を設立されてまだ今の時点でお祝いをお送りできてなくて、心苦しいです。何故かというと、必ずお役に立てるものを送りたいと、思いすぎてのこと（先方は一切気にしていないのに、自分のエゴを通すだんじりばばぁです）。

　若き頃からの芸人さんとしての夢も実現されています。さらなる活躍を楽しみにしています。

　毎年のチョコの祭典"サロンドショコラ"では世界のパティシエと当社ＭＣがトークショーをさせていただきました、

　Ｉ社長。実は弊社のパフォーマンスカフェ"ブルーファイア"の内装もしていただいたのです。

　丁寧にこちらの想いを汲み取りステージも、ＤＪブースもとってもオシャレかつ便利に作りあげてくださいました。

　あの"ブルーファイア"あればこそいろんなエンタメチャレンジができました。ありがとうございました。

　"神戸コレクション"や毎年いただく大手団体、組織の式典、つい先日もあだっちゃんが労働局の式典、イベント司会をさせていただきました。Ｍさんありがとうございました。

Chapter [11] Work Experience

『話の達人に学ぶ』 〜奉仕部勉強会〜

去る9月4日、午前10時、奉仕部勉強会が開催されました。講師にマリン・ザ・ボイスの松城光実さんをお迎えして、約2時間ご講話いただきました。

発声、発音から御会式の司会のコツ、好かれる話し方、嫌われる話し方について学びました。

早口ことばの実践

・自分をみつめ直すことができたような気がする。

・言葉の力というのがわかった。

・早口ことばを3ヵ月間1日15分練習しようと思いました。

みんなの感想

・自分も参加することで退屈することなく最後まで楽しめた。

・話し方や人の話の聞き方が学べました。

・話し方があってお話も楽しく、生活全体にも関わっていること。

・先生が言われたことを頭に入れて、対人関係や印象が決まっていくのだと改めて教えられ、「話す」ことってや印象が決まっていくのだとしみじみ感じました。

・目を見て話さなかったり、自分のことまたはグチばかりを話題にする話し方だと嫌われることを学び上手は話し上手、そして好かれる方、ということを学び、今後、意識して気をつけていこうと思われる一日でした。

さて、参加したみなさんはどう感じられたのでしょうか。

・大事やなぁと思いました。

・人間しか話せない言葉を大切に、日々活かしていきたいと思いました。

・やっぱり「話す」ことって一方的な講演というのではなく「講義」なのにやりとりをしたような感じで良かった。なかなか、こういう機会（講義）というのがないので、今日は参加できて良かった。

・もう少し練習の時間をとってほしかった。

・話をするのは自分一人だけでなく、相手にちゃんと伝わるようにする事が必要だと再確認させられた。

講話をされる松城先生

舞台の上って、緊張する!!

みんな、真剣です。

"勉強会"の講師。清風寺さくらホールにて。

※ご縁とは不思議です。生前母が信仰していた宗教のご本尊を返上して数年後。ご令嬢の結婚披露宴の司会をすることとなりました。全くの偶然です。僧侶の奥様に「これは単なる偶然ではない。亡きお母様がお祀りしてほしいとおっしゃっているんです」素直に納得。

その僧侶の奥様が本当に優しくピュアなお方で、心動かされ、信者さんの女性クラブの講師をしたり、清風寺というお寺のさくらホールで講演をしたり、ボランティア活動もご一緒しました。お金に余裕のある方はご寄付ください。そうでない方は最小限でどうぞ、というお寺さんの在り方も、とても宗教の真髄を貫いています。

ということで、ずっと不熱心信者をつづけています。その奥様が亡くなられたのは、私の相棒の死から1週間も経たず。私は悲しみのWの日々を過ごしました。

また、出版社さんにもたくさんお仕事いただきました。

Kドカワさんは"ウォーカーシリーズ"でたくさんモデルを使っていただき、ペットモデル手配まで。

弊社所属タレントあすかちゃんはトリマーの資格も持ち、モデルやMCをしながら、東京六本木のど真ん中で素敵なペットサロンを経営していました。なので、ここがまた仕事へと繋がり、ワンちゃんモデルを手配してくれました。

Kドカワさんの本社にも一緒に伺って、美味しいマイセンのカツサンドや珍しい世界のレストランでご馳走していただきました。

弊社が大塚で営んでいた"サンカフェ・マリン（和牛100％ハンバーグと世界の紅茶、コーヒー）"にも、良く来てくださいました。一緒にメニューにはない、そうめんを食べたのが懐かしいです。

K談社さんもあるタレントで大変お世話になりました。でもあの騒動とあのタレントは思い出したくありません。

そして"大阪オートメッセ"では毎年メインステージの司会や各ブースのモデル、コンパニオンも使っていただきました。

当社自体も、ブース出店させていただき、東京タレントも出演させ、ステージはどこのブースよりも華やかで集客数は高かったと思います。Kタイムズ社のNさん、ありがとうございました。

そして、今も多大なご支援をくださいますK文社さん。

週刊誌編集長の折にはタレントたちをピックアップしていただき、何より、業界仕掛け人でたくさんのスターを世に送り出していらっしゃいますMさん、これからも末長くよろしくお願い致します。

Chapter [11] Work Experience

　展示会場でMマネと各ブースを見学中、イケメン２人発見、ＴＶのスタジオ制作会社さんでした。

　抜かりなき私たち、早速、声をかけてお友達になりました。弊社のパフォーマンスカフェ"ブルーファイア"で開催のイベントなど、よく出席してくださいました。そのうちのお１人Ｓさんと時を経て再会したのは、ある案件オーディションで審査員としてお目にかかった時です。何か一緒にやれたらという話が盛り上がり、アイドル"とんぼりエンジェル"が誕生。道頓堀"Ｄンキホーテ"にいらっしゃったのでこのネーミングとなりました。いろんな応援をしてくださいました。

　東京の社員研修のお仕事までいただきました。Ｓさんお元気ですか？

"Ｐソニックスクエア"というＰソニックさんの最先端エレクトロニクスショールームが大阪にありました。

　14期まで研修講師として務めさせていただきました。

　Ｋ際企画のＭさん、いつもご担当ありがとうございました。

　さてだんじり娘

　地元岸和田では前記しました某ＴＶ局ＴＶＫでは私もタレント達も、開局以来ずっと出演させていただいています。今年春には、実光塾東岸和田そよら校の開講を勧めてくださり、ＴＶＣＭまで作ってくださいました。

　Ｓプロデューサー、制作の皆様本当にありがとうございます。

老舗結婚式場の"C会館"様からは、ある方（飲食1号店のお客様）の結婚披露宴の司会がご縁で、たくさんのクライアント様に繋いでいただきました。

　地元を代表するデベロッパーY社長には、数々のイベント司会から選挙街宣活動、ご長男、ご次男の結婚披露宴司会まで。さすがにホールインワン、3回目の祝賀会の司会に、若い子入れますと言うと
「あんたでええ、あんたに来て欲しいんや」と嬉しいお言葉。
　お会いしたいです。

　同じくお繋ぎいただいたのは、これまた今、飛ぶ鳥落とす勢いのデベロッパー故S社長。いろいろ紆余曲折ありながらもビッグカンパニーになられました。
　ご令息の結婚披露宴司会、奥様のソロプチミストイベントの司会などお世話になりました。

"神戸コレクション"や毎年いただく大きな式典やイベント司会、つい先日もあだっちゃんが労働局のイベント司会でお世話になったMさん。先日はMマネが現場にお邪魔しました。ありがとうございます。

　関西テレビさんの"真夜中市場"や"ほんでなんぼ"でも、ももちゃんを起用してくださってる制作会社Kテレビハッズさん。
　先日も、モモコさんと"ももちゃん"共演していました。

Chapter [11] Work Experience

"ヤマハ音楽フェスティバル"でも、毎年"ももちゃん"を起用してくださってる"Tピアノ"さん。

　などなど本当に多くの方々のお引き立てを"株式会社マリン・ザ・ボイス"から"アクティブオール株式会社"に名前が変わった今もいただいております。

　人と人のご縁を大切に、そのご縁に応えていける人材育成にこれからも精進してまいります。

　読者の皆様、皆様の疑問点やご質問は、ご遠慮なくお寄せください。

　松城光実、元気なうちは何なりとお答えします。

　アナウンサーなんて、司会者なんて、夢のまた夢とあきらめていた、岸和田のだんじり娘もここまでやってくることができました。

"限りなく人は変われる"

　自分で自分の人生にちっぽけなフレームをかけないで"話す仕事"に、また違うジャンルの仕事でも、

　できるかな？　できたらいいな、ではなく《できる‼》からはじめて、

　あなたの限られた人生を充分に楽しんでくださいね。

おわりに

　この本をご購入いただき最後まで読んでくださり本当にありがとうございます。

　まだまだお伝えしたいことはありますが、また機会があれば書かせていただきます。

　最後にクライアントさんの他に、私の人生をいろんなカタチでサポートしてくださいました友人、恩人の皆さまにお礼を申し上げます。

　アカデミー賞を受賞なさっても、たくさんのヒット作を出されても、変わらぬ優しさ、思い遣りあふれる脚本家H先生。

　いつも私を誰より守ってくれた兄が、一昨年他界した折にいただいたお言葉は、本当に私を救ってくださいました。ありがとうございます。

　これからもよろしくお願い致します。

　その次兄が亡くなった時、母の代から信仰を引き継いでいるお寺さんのお講師に無理を言って遠くまで来ていただきました。歴代僧侶の中で唯一、心開いて話せたお講師でＬＩＮＥ交換をしていました。

　スケジュールをやりくりして通夜、葬儀と遠方まで駆けつけてくださいました。本当にありがとうございます。

　これからもよろしくお願いします。

おわりに

　脚本家Ｈ先生のご縁で出会う機会をいただいた、材木業界のＢＯＳＳやさしい奥様にお会いできたこと忘れません。

　同じくＨ先生のご縁でＳＮＳ上のお付き合いにもかかわらず、出版社にお勤めとのことで不躾なお尋ねをしましたが、大変親身に相談にのってくださり、心から寄り添ってくださったＹさんありがとうございました。
　Ｈ先生のご縁で心ある方々と出会えて嬉しいです。

　料理の鉄人で、一躍有名になられたＮ孝明様。
　花野と番組をご一緒したのがご縁で本当にお世話になりました。
　“ブルーファイア”もオープン時からずっとお引き立ていただき、上京の折には、孫たちまでご馳走していただきました。
　先生とおやっさんの“銀鱗”へ行ったことや、先生のお店に知人と伺うといつも同席してくださり、お料理の解説や楽しいお話をしてくださいました。東京オフィスが恵比寿にあった時「高い家賃払わず、ウチの店の空きスタジオを使いなさい」と、有明店に隣接のガラス張りの綺麗なスペースを貸してくださいました。
　おかげさまで、展示会場も近くナレーターやコンパニオンとのコミュニケーションも取りやすくなりました。
　料理の“中華の鉄人”の新年会にお誘いいただいた時、夜行バス移動となり豪雪で立ち往生。いつ動くかわからず電話したら「バカじゃないの。こんな季節にバスなんて」とお叱りを受けました。
　なんとか間に合い、“中華の鉄人”の新年会に連れて行っていただきました。

131

テレビで拝見するメインゲストと同じテーブルで、楽しく、美味しい新年会を過ごさせていただきました。

　言い尽くせないたくさんの感謝があります。どうかいつまでもお元気で、ご活躍くださいませ。

　動物心理学の重鎮であり、関西経済を動かしている不動産王N社長。

　いつもご支援ありがとうございます。"シングルマザービューティーアワード"にも重ねてのご来場、感謝申し上げます。

　周りをいつも元気にする社長のパワーに感謝申しあげます。

　今は、SNSで暖かいメッセージをいただいています、パリ在住のI画伯。

　亡き長兄とは親しくお付き合いいただき、私も飲食1号店"ヒノマル"時代から、お世話になっています。

　画伯の作品は繊細で美しく、どうしても欲しくて黄緑と黄色のコントラストが絶妙なパリの風景画をいただき玄関に飾っています。

　亡き兄の若き頃、兄も飲食店を数店舗営みながら、イベント好きで歌手や芸人さんをゲストに興行やパーティーを開催していました。

　世界のコシノ三姉妹と親しくされてる画伯ですが、NHK朝ドラヒロインモデル、コシノアヤコさんとも兄のパーティーで、お仕事をご一緒しました。

　朝ドラ最終回イベントが岸和田"波切ホール"で行われた際は、弊社MCを起用していただきました。

　ご縁が繋がり続けていることを亡き兄も喜んでいると思います。

おわりに

　こんなに歳を重ねてから友人ができるとは想定外でしたがあるイベント旅企画に参加した際、何かタイプは違うけど、同じ波長を感じた方が1人いらっしゃいました。

　Hさん。

　お友達になりたいなと思っていたら股関節のオペで入院した際お見舞いに来てくださったことから、親しくお付き合いが始まりました。しかし、只者ではないオーラが溢れていて、お話ししているとたくさんの引き出しから、楽しい話題がどんどん飛び出してきます。

　とても、アクティブな暮らし方をなさって、時間が少しでもできれば美術館やライブ、映画、舞台と生き生きと時間を《命》を使ってらっしゃいます。

　弟さんは読売TVの人気番組で長くコメンテーターをなさっていらっしゃった有名なお方。退職後の活動がめざましく素晴らしいです。

　単なる軽いコメンテーターではなく、社会の真実を追求、掘り下げ、伝えてくださる本物です。

　イチローさんや大谷翔平さんともツーショット写真を拝見したことがあります。

　野球にもさすがの取材をなさり、文字にしてくださいます。

　ご次男は有名映画の制作に携わっておられ、未来は大監督になられるのではないでしょうか。

　ご令息お2人のお嫁さんがアナウンサーやモデルさんで、この辺りの波長がビビーときたのかもしれません。

　とにかく、普通は会えない人を惹き寄せるミラクルパワーをお持ちです。

　今春に、中之島薔薇園をご一緒してランチしました。いつも、刺

133

激と、学びと、パワーをくださる大切な友人です。

そして東京大塚の弊社"サンカフェ・マリン"を、撮影スタジオとして引き継いでくださった国際派映画俳優(国際映画祭で２度主演男優賞を受賞)であり、実業家としても世界中を飛び回っている、Ａさん(元ＳＡＤＡさん)。

東京大塚の"サンカフェ・マリン"。楽しい思い出がいっぱい！

帰国するとお忙しい中、大阪福島まで来てくださいます。これからの活躍に、目が離せません。

役者さんとのご縁はかなり有りますが、若き頃から芝居一筋、ＬＡに長く英語と演技を磨きに行かれて、今では英語で演技したい役者さんの指導までされているＳさん。今年上京の際にはたくさんお土産話ありがとうございました。

浜田省吾さんというアーティストを超えた素晴らし過ぎるお方がご縁で繋がった、Ｆツーリストさん。

今や、なかなか確保できない神明の花火桟敷席をとってくださり富士山級のおもてなしに感動し、２回目の神明花火大会は娘と一緒に参加しました。さらなるおもてなしスタンスに感謝、感激。

残念ながら、今年は参加できませんでした。

あの花火を見ないと、人生大損です。自信を持ってお勧めします。

おわりに

この本の執筆作業中、慣れない作業で煮詰まってきた時、なによりエネルギーをいただけたのは抜群においしいスパイスカレーの店「カナリアカリー」さん。気取らずナチュラルなおもてなしのご夫妻にも癒されます。

instagram.com/canary.curry.1.14/

68才の時、新たなチャレンジ
"人は限りなく変われる"

日本語教師の資格を取得するために、日本語教師養成校に入学
420時間と単位取得テストを無事合格して、日本語教師になりました。
ベトナムやロシアなど海外の若者に日本語を教えて海外文化を少しだけ肌で感じています。
その養成校で、友人ができました。天才的なセンスで、音楽を極めながら、日本語教師として今は中国深圳で音楽との二刀流。
日本の方ながら日本は住みづらいらしく、ベトナムから日本語教師の資格取得のため、帰国。
コロナのコロ助に足止めされたおかげさまで、だんじりばばぁに若きイケメンミュージシャンの友人ができました。
大学院卒業なのに、教職免許を取ってなかったので、その免許を取得、日本語教師資格も取って尚且つ、作詞作曲、録音を済ませて大陸に渡りました。
彼のこれからが楽しみです。

日本語教師資格にプラスして"やさしい日本語"認定講師の資格

135

も取り、その普及活動に微力ながら励んでいます。

今や"やさしい日本語"の日本の代表Yさんから"やさしい日本語"関連の動画作成時のナレーションチェック依頼もいただいています。

"やさしい日本語"の普及活動も。
Kiss FMの「バンディ's What's Going On!」に出演。マチャコさんはママになりました。パーソナリティのお姉さんは、すでにママさんシンガー。

"人は限りなく変われる"

ここで"話す仕事"と"やさしい日本語"がシンクロ!!
"動く"ことがいかに大事か。友人ができ、新たなスキルが学べ、今まで積み重ねてきた経験にプラス新たな世界が見えてきます。
"点々が線になる"人も仕事も。生きることは、悪くないと思えます。

そして最後の最後
"ありがとう"を言いたいお方。私のバックヤードを全力で支えてくれた

故S・Kさん。

たくさんの学び、ピュアな精神と勇気の大切さを、音楽と浜田省吾さんを通して教えてくれました。

人生サイコーの相棒に
ありがとう!!

おわりに

　50歳という若さで旅立たれましたが太く、短く信念を貫いた生き方は見事です。
　ありがとう。

そして、心がささくれだってきた時
誰より優しく癒してくれた
チャチャ君。
昨年、22歳8か月で虹の橋を渡って
行きました。いつもありがとうネ。

この出版に際し
全面協力してくれた娘夫婦と、
その子供たち
ホンマにありがとう。

チャチャくん　22歳と8ヶ月。
力の限り生きてくれました。

貴重な家族全員集合。

奇跡の偶然　親戚集合。

137

ご指導くださいました出版社の大杉社長
ありがとうございました。

そして何より読者のみなさん
ありがとうございます。

松城光実の歩んできた道が少しでもお役に立てれば幸いです。
だんじり娘からだんじりばばぁまで、単なるスキル本ではなく生身の半生記（反省記？）を包みかくさず書きました。その上の

"松城メソッド" 誕生

とご理解いただけるとスキルも仕事への繋げ方もより速く、より深く実践につながっていきます。
ご質問があれば、下記アドレスにご遠慮なくお寄せください。
terumine1011@softbank.ne.jp

"限りなく人は変われる"

自分の人生に自分で小さなフレームをかけないでください。
"話す仕事" をはじめどんな目標も「できるかな？」「できたらいいな」
ではなく
『 出来る‼ 』

おわりに

からはじめてください。

期間限定人生です。

「本気のヤル気」で生き抜きましょう。

私も、残された時間を

楽しみつくしてまいります。

みなさんの未来に夢と愛があふれ続けますように。

いつも"今ここから"がスタートです。

松城　光実（まつしろ　てるみ）

日本短波放送 NSB 通信社勤務の後、フリーアナウンサーとして活動。イベント・セミナー・ブライダル司会者として活躍。TV・ラジオ・出演多数。81 年には株式会社 マリン・ザ・ボイス創業。多くの分野で得たキャリアとスキルを活かし、イベント・テレビ番組プロデュースも手掛ける。様々な施設・企業の研修講師としても活躍。
他に類をみないパフォーマンス教育を確立し、40 年以上に渡り、多数の司会者・タレントを輩出している。「ことば」を大切にするボランティア団体「ボイスハートパフォーマンス協会」を主宰。

実話で学ぶ "話す仕事"　人は限りなく変われる

2024 年 11 月 23 日　第 1 刷発行

著　者　　松城光実

発行人　　大杉　剛
発行所　　株式会社 風詠社
　　　　　〒 553-0001　大阪市福島区海老江 5-2-2 大拓ビル 5 - 7 階
　　　　　Tel 06（6136）8657　https://fueisha.com/
発売元　　株式会社 星雲社（共同出版社・流通責任出版社）
　　　　　〒 112-0005　東京都文京区水道 1-3-30
　　　　　Tel 03（3868）3275
印刷・製本　シナノ印刷株式会社

©Terumi Matsushiro 2024, Printed in Japan.
ISBN978-4-434-34905-8 C2036
乱丁・落丁本は風詠社宛にお送りください。お取り替えいたします。